KB212675

믿음으로 한 걸음씩 성장하는

구 역 예 배

21세기구역공과편찬위원회

좋은 책으로 하나님의 사람을 만들어 가는

엘 맨

믿음으로 한 걸음씩 성장하는

구 역 예 배

공과를 내면서

구역식구 여러분, 또 한 해가 시작 되었습니다. 올 한 해도 하나님의 사랑하심과 도우심으로 구역과 구역식구들이 하나가 되고 섬기는 교회가 건강하게 성장하기를 기도합니다.

돈을 잃으면 일부를 잃는 것이고, '건강을 잃으면 전부를 잃는 것'이라는 말이 있듯이, 우리에게 영적인 건강을 잃으면 전부를 잃는 결과를 가져오게 됩니다. 그러므로 우리의 삶의 과정에서 영혼을 살찌우는 일은 무엇보다도 중요합니다.

신앙의 기초를 든든히 하는 일, 믿음의 기둥을 세우는 일, 그리고 바람이 불어도 날아가지 않을 지붕을 씌우는 일, 이 모든 것이 예배와 교육으로 이루어집니다. 구역예배는 글자 그대로 구역식구들이 모여서 하나님께 예배드리는 시간입니다. 그런 가운데 말씀을 읽고, 듣고, 마음에 새기게 됩니다. 그러기에 기독교의 예배는 그 자체가 교육입니다. 그리고 예배와 함께 구역이 모여서 성도의 교제를 나누는 귀한 공동체적 시간입니다. 이 시간을 통하여 우리의 믿음과 신앙생활이 성장하고 발전하는 것입니다. 그런고로 우리는 구역예배의 모임에 소홀히 해서는 안 될 것입니다.

올해의 구역공과는 주제별로 공부하고자 구성하였습니다. 한 식구가 되어 하나님의 말씀을 나누고, 주님의 사랑을 함께 나누는 시간을 갖게 됨을 감사드리며, 하나님의 은혜 속에서 믿음이 성큼성큼 자라나기를 기도드립니다.

2011년 초가을에

21세기구역공과편찬위원회

차　례

1월
시작을 잘하자

제1과
새해의 결심

베드로전서 1:13~16
찬송 : 551, 552

"그러므로 너희 마음의 허리를 동이고 근신하여 예수 그리스도께서 나타나실 때에 너희에게 가져다주실 은혜를 온전히 바랄지어다." (벧전 1:13)

희망이 벅차고 감격이 벅찬 새해가 왔습니다. 참으로 뜻이 깊고 보람되고 소중한 새해가 왔습니다. 우리는 이러한 새해를 믿음으로 맞이합시다. 그리고 새해를 주신 하나님께 감사와 찬송과 영광을 돌립시다.

1. 새해에는 거룩한 심령이 되시기를 결심합시다

성도가 거룩한 심령이 되는 것은 너무나 당연한 일입니다. 이것은 하나님의 뜻입니다. **레위기 11:44, 19:2, 베드로전서 1:15-16**에 보면 **"내가 거룩하니 너희도 거룩하라"**고 하셨습니다. 여기서 거룩이란 의미는 '거룩하다', '흠이 없다', '구별되다', '독특하다'라는 뜻이 있습니다. 이 말씀은 곧 예수 그리스도의 마음을 품고, 예수 그리스도의 성품을 이룬 상태를 말합니다.

그러므로 거룩한 삶이란 죄에 대하여서는 죽은 자로서 죄를 대적하고 죄는 모양이라도 버리며, 흠 없이 깨끗하게 살되 세속과는 구별되게 사는 것입니다. 그렇게 살기 위해서는 우리의 심령이 거룩해져야 합니다. 심령이 거룩해지는 방법은 우리의 옛 사람을 완전히 십자가에 못 박고, 부활하신 예수님을 내 마음속에 모시는 것입니다. 성령의 충만함을 받아서 그리스도의 성품과 그리스도의 마음을 품고 살아야 합니다. 이런 사람은 그리스도인의 삶의 표준인 말씀 중심으로 살려고 노력합니다.

항상 겸손한 마음으로 자기를 살펴 깨끗하게 하며, 근신하고 깨어있어 우리 주님과 같이 온전하기 위하여 끊임없이 노력하며, 성령의 열매를 맺도록 노력하는 것입니다.

2. 새해에는 좋은 생각을 하기로 결심합시다

사람은 부정적인 사고를 가진 자와 긍정적인 사고를 가진 두 부류로 나눌 수 있는데, 인류 문명과 역사는 긍정적인 생각을 가진 자들에 의하여 주도적으로 계승되어 왔습니다. 생각을 바꾸면 삶도 바뀌게 되는 것이고, 생각이 병들면 삶도 병들게 되는 것입니다.

민수기 13장을 보면, 이스라엘 민족이 가나안 땅을 점령하기 전에 바란 광야에서 12지파 중에서 한 사람씩을 선발하여 가나안땅을 탐지하러 보냈습니다. 그 땅 거민의 강약(强弱)과 다소(多少)와, 그들이 거하는 땅에 대하여 자세하게 탐지하여 오라고 했습니다. 그런데 그 정탐꾼 중에 열 사람은 부정적인 보고를 하였습니다. 그 땅을 악평하여 말하기를 그 땅은 삼키는 땅이요, 거기서 본 백성은 신장이 장대한 자들이며, 거기서 또 네피림 후손 아낙자손 대장부들을 보았나니, 우리는 스스로 보기에도 메뚜기와 같다고 하였습니다.

그러나 반면 여호수아와 갈렙은 긍정적인 사람이라 좋은 보고를 하였습니다. 하나님께서 약속하신 땅이기에 우리의 밥이라고 하면서 갈 수 있다고 하였습니다.

믿음은 긍정적인 언어를 사용케 하시며 생에 가운데 놀라운 기적을 산출케 하십니다. 긍정적인 사람은 모든 것을 선하게 여깁니다. 그렇기에 언제나 절망하지 않고 희망적인 사람입니다. 긍정적인 사람은 남을 좋게 여깁니다. 부정적인 사람은 남의 허물과 실수를 드러 내놓기를 좋아합니다. 긍정적인 생각과 남을 좋게 여기심으로 크신 일을 이루는 해가 되기를 바랍니다.

한자에서 '정성 誠'이란 글자는 '말씀(言)을 이루는 것(成)'을 의미합니다.

요한복음 1장 14절에 **"말씀이 육신이 되어 우리 가운데 거하시매 우리가 그 영광을 보니 아버지의 독생자의 영광이요 은혜와 진리가 충만하더라."**고 하였습니다.

인류의 역사를 뒤돌아보면 위대한 업적은 모두가 성을 다한 결과입니다. 웅장한 건축물, 기묘한 예술품, 위대한 발명품 등, 모두가 誠을 다한 결과입니다.

誠을 다한다는 것은 최선을 다한다는 말입니다. 역사상 귀한 일들을 이룬 자들도 誠을 다한 사람들입니다. 그러므로 하나님의 자녀들인 우리는 우리에게 주어진 일터에서 성실로 땀 흘리는 사람이 되어야 합니다. 성을 다하는 자를 참으로 하나님이 원하시며, 그러한 자들을 통하여 하나님은 이 세상에서 하나님의 역사를 완성하여 나아가시는 것입니다.

새로운 날들이 우리에게 주어졌습니다. 새해의 출발점에 있어서 먼저 우리의 심령을 거룩하게 합시다. 성결은 하나님의 색깔이며, 하나님이 기뻐하시는 삶이요, 열매 맺는 신앙의 토양입니다. 그리고 우리의 사고를 좋게 하고, 긍정적인 사고를 가지고 우리에게 주어진 여건과 환경을 감사함으로 받아들입시다.

한 번 밖에 없는 삶을 아끼고 사랑하며 성실히 개척해 나갑시다. 그리하면 우리에게 주어진 시간과 공간 속에 날마다 새로운 능력과 의지가 성령 안에서 넘쳐 날 것입니다.

말씀을 생각하며

1. 오늘의 말씀의 요점을 간단히 요약해 봅시다.

_____

_____

_____

_____

2. 오늘 말씀에서 본 받아야 할 기도의 자세는 무엇입니까?

_____

_____

_____

_____

한 주간의 기도제목

나	
가정	
교회	

제2과
네 직무를 다하라

디모데후서 4:5-8
찬송 : 360, 338

"너는 말씀을 전파하라 때를 얻든지 못 얻든지 항상 힘쓰라 범사에 오래 참음과
가르침으로 경책하며 경계하며 권하라." (딤후 4:2)

새해에 아무리 화려한 계획을 세워서 출발을 잘했다 하여도 연말에 실패
했다면 그해는 실패의 해가 되고 마는 것입니다. 혹, 11개월 동안은 실패를
거듭했다 할지라도 끝까지 최선을 다했다면, 그 사람은 아름다운 끝을 맺는
것입니다.

바울 사도가 **"내가 예수를 본받은 것과 같이 너희는 나를 본받으라."** 고
했습니다. 바울이 말한 것과 같이 우리가 지도자적 입장에서 본을 보여야
되는 것입니다.

1. 믿음의 선한 싸움을 싸워야 합니다

바울사도는 자신의 운명이 얼마 남지 아니한 것을 깨달았습니다. 오늘 바
울 사도가 받은 의의 면류관을 우리 모두가 받기를 바랍니다.

'선한 싸움을 싸우고'란 말은 최선을 다했을 때에 쓰는 말입니다. 우리는
경기나 싸움에서 혹 실패하고 질 수도 있습니다. 그러나 실패했어도 최선을
다한 자는 실패자가 아닙니다. 믿음의 경기에도 마찬가지입니다. 최선을 다
하여 신앙생활을 한 자들은 우리 주님이 인정해 주시고 놀라운 상급으로 보
상해 주실 것입니다.

새해에 여러분이 맡은 직분이 무엇입니까? 최선을 다하여 충성하시기 바
랍니다.

2. 달려갈 길을 마칠 때까지 달리기 바랍니다

어떤 사람은 전 코스를 다 달리지 않고 중도에 주저앉는 사람들을 봅니다. 달려갈 길을 마쳤다는 말은 도중에 포기하지 않고 끝까지 완주했다는 뜻입니다. 포기한 자는 상을 받을 수 없습니다.

오늘 우리들이 신앙생활을 하는 것은 마라톤 경주와 같습니다. 마치 마라톤 경주의 창시자 필리피데스와 같이 42.195km를 단숨에 달릴 때에 얼마나 힘이 들었겠습니까? 그러나 꾸준히 포기하기 않고 달린 것입니다. 그래서 마라톤 경주는 인내심, 지구력, 극기심, 애국심, 정의감의 상징적인 경기가 된 것입니다. 올림픽 경기의 제일 큰 경기가 마라톤입니다.

히브리서 3장 14절에, "우리가 시작할 때에 확실한 것을 끝까지 견고히 잡으면 그리스도와 함께 참여한 자가 되리라."고 하였습니다.

찬송가 338장

내 주를 가까이 하게 함은 십자가 짐 같은 고생이나
내 일생 소원은 늘 찬송하면서 주께 더 나가기 원합니다.
천성에 가는 길 험하여도 생명 길 되나니 은혜로다
천사 날 부르니 늘 찬송하면서 주께 더 나가기 원합니다.

3. 믿음으로 경주하시기 바랍니다

모든 경기가 규칙이 있고, 또 규칙대로 해야 승리하는 것같이 우리 신앙생활도 반드시 법도를 지켜야 합니다. 이와 마찬 가지로 우리 그리스도인들은 말씀의 법도와 인륜의 법도를 지켜야 합니다. 교회는 교회의 법이 있습니다. 교단은 교단의 헌법이 있습니다. 이 모든 것을 잘 지켜야 합니다.

믿음이란 단어의 원래 의미는 '신실하다'는 것입니다. 법을 지키며 달리기를 다해야 상을 받습니다. 규칙을 어기고 이긴 자는 상을 박탈당합니다.

나아가 작은 일에 최선을 다하고 신실하게 임하는 자세가 필요합니다. **누가복음 16장 10절**에 주님이 말씀하신대로, 적은 일에 충성하는 자는 큰 것에도 충성합니다. 요셉은 보디발의 집에서 청지기로 있을 때나 애굽의 총리대신이 되었을 때에도 동일하게 충성을 다했습니다.

민수기 12장 7절에 **'내 종 모세와는 그렇지 아니하니 그는 내 온 집에 충성함이라.'**고 했습니다. 오늘 당신에게 우리 주님이 충성도를 판정할 때에, '저 사람은 뭘 맡겨도 충성한다'는 평을 듣는 사람이 되어야 합니다.

조선시대 단종애사의 사육신 가운데 한 사람인 성삼문은, "이 몸이 죽고 죽어 일백 번 고쳐죽어/백골이 진토 되어 넋이라도 있고 없고/임 향한 일편단심 가실 줄 있으랴"고 했습니다. 인간 임금에게도 충성을 결심했거든, 우리의 생명과 영혼을 구원해 주신 주님을 위해 죽도록 충성하시기 바랍니다. 환경이 좋을 때는 충성하다가 환경이 어려우면 변심하는 것은 충성이 아닙니다.

금년 52주가 다가고, 금년을 총결산하는 날, 우리도 사도 바울의 고백과 같이, **"내가 선한 싸움을 싸우고 달려갈 길을 다 마치고 믿음을 지켰으니 이제 후로는 의의 면류관이 내게 예비되었다."** 라고 승리의 개선가를 부르는 구역식구들이 다 되기를 원합니다.

말씀을 생각하며

1. 오늘의 말씀의 요점을 간단히 요약해 봅시다.

_____
_____
_____
_____

2. 오늘 말씀에서 본 받아야 할 기도의 자세는 무엇입니까?

_____
_____
_____
_____

한 주간의 기도제목

나	
가정	
교회	

제3과
부르심의 상을 위하여 달려가라

빌립보서 3:13-16
찬송 : 528, 531

"형제들아 나는 아직 내가 잡은 줄로 여기지 아니하고 오직 한 일 즉 뒤에 있는 것은 잊어버리고 앞에 있는 것을 잡으려고 푯대를 향하여 그리스도 예수 안에서 하나님이 위에서 부르신 부름의 상을 위하여 달려가노라." (빌 3:13~14)

지금 우리가 살고 있는 시대를 무한 경쟁시대라고 합니다. 산업계뿐만 아니라 국가 간에도 지금은 경쟁적인 문제에 놓여 있습니다.

고린도전서 9장 24절에 **"운동장에서 달음질하는 자들이 다 달릴지라도 오직 상을 받는 사람은 한 사람인 줄을 너희가 알지 못하느냐 너희도 상을 받도록 이와 같이 달음질하라 이기기를 다투는 자마다 모든 일에 절제하나니 그들은 썩을 승리자의 관을 얻고자 하되 우리는 썩지 아니할 것을 얻고자 하노라"** 고 했습니다.

그리고 개인적으로도 경쟁시대에서 살고 있습니다. 따라서 우리의 인생도 경주하는 인생입니다. 이 경주에서 상을 얻는 자가 되시기를 바랍니다.

1. 목표가 분명해야 합니다.

우리 인생에 있어서 가장 중요한 질문은 "우리가 지금 가고 있는 이 길을 다 간 후에는 우리가 어디에 있을 것인가?"입니다. 그래서 어느 인생이든 목표가 필요합니다. 인생에 있어 대부분의 싫증과 불행들은 그 원인을 추적해 보면 삶의 목표가 결여되어 있다는 것으로 판명됩니다. 가장 고상하고 좋은 유일한 인생 목표는 하나님의 뜻을 따라 사는 것입니다. 사도 바울은 오늘 본문에서 **"아직 내가 잡은 줄로 여기지 아니하고 오직 한 일 즉 뒤에 있는 것은 잊어버리고 앞에 있는 것을 잡으려고 푯대를 향하여 그리스도 예**

수 안에서 하나님이 위에서 부르신 부름의 상을 위하여 달려가노라" 고 자기 인생 목표를 말해줍니다.

목표를 다하면 상이 있습니다. 상은 노력에 대한 보상입니다. 많은 이들이 상을 좋아하고 많은 관심을 갖습니다. 상은 그 본질상 다 얻게 되어 있는 것은 아닙니다. 사도 바울은 가장 값진 상을 받으려는 열망이 있었습니다. 그 상은 충성된 자에게 예수님께서 주시는 상입니다.

2. 뒤에 것은 잊어버려야 합니다

"뒤에 있는 것은 잊어버린다" 는 것은 과거의 것들로 발목 잡히지 않는 자가 되어야 함을 의미합니다. 잘 잊어버리는 자는 어떤 면에서 복 있는 자입니다. 조그만 과거의 성공에 만족하거나, 과거의 후회로써 항상 가슴 아파하면 우리는 절대로 앞으로 나갈 수가 없습니다. 그래서 이태리 사람들은 제야의 종소리만 들리면 모든 것을 밖으로 내던져 버리는 습관이 있다고 합니다.

출애굽기 16장 3절에 보면 이스라엘 백성이 애굽의 고기 가마를 회상하다가 가나안 진군에 실패했던 것입니다. 성도들의 영적 경주도 과거를 잊어버려야 하는 것입니다. 과거에 잘했던 공은 하나님께 돌리고 과거에 잘못했던 죄과는 하나님께 자복하고 과거를 잊어버려야 합니다.

기독교는 과거에 살지 않고 현재에 사는 것입니다. 과거에 아무리 훌륭한 일을 많이 했다고 해도 지금 믿음에 있지 않으면 그 사람을 인정할 수가 없는 것입니다. 과거에 잘못을 했더라도 지금 변하여 새 사람이 되고 하나님 앞에 신앙생활을 잘하는 사람은 인정을 받습니다. 그러므로 기독교는 과거를 묻지 않는 종교입니다. 현재 여러분이 어디에 있는가. 믿음이 있는가, 그리스도의 영이 있는가를 스스로 살펴서 새롭게 새 출발하는 성도들이 되기를 원합니다.

3. 앞만 보고 달려 나가야 합니다

푯대만을 향하여 좇아가야 하는 것입니다. 푯대를 바라보지 않고 향방 없이 달려서는 안 되는 것입니다. **고린도전서 9장 26절**에 보면 **"나는 달음질 하기를 향방 없는 것같이 아니하고 싸우기를 허공을 치는 것 같이 아니했다"** 고 했는데 푯대를 정해야 하는 것입니다. 경주자는 관중들이 무엇이라 하든지 돌아보지 말고 푯대만을 향하여 달려야 하는 것입니다.

그 푯대는 예수 그리스도이며 그리스도께서 주시는 상급이요 면류관입니다. 주의 이름을 부르는 사람은 누구나 구원을 받습니다. 우리의 이름이 하늘의 생명책에 기록되어 있음을 기뻐하시기를 바랍니다.

누가복음 10장 17절에 보면 예수님이 보낸 70인의 전도자들이 돌아와서 보고를 합니다. **"주여 주의 이름이면 귀신들도 우리에게 항복하더이다.", 19 -20절**에는 **"내가 너희에게 뱀과 전갈을 밟으며 원수의 모든 능력을 제어할 권능을 주었으니 너희를 해할 자가 결코 없으리라 그러나 귀신들이 너희에게 항복하는 것으로 기뻐하지 말고 너희 이름이 하늘에 기록된 것으로 기뻐하라 하시니라"** 고 했습니다. 그런데 하나님 앞에는 생명책이 있는가 하면 기념책이 있습니다. 기념책에는 우리의 선한 일이 기록되어 있습니다. 하나님께서 여러분의 수고와 봉사, 노력, 충성, 전도를 잊지 않고 기념책에 기록한 것을 믿고, 신앙생활에도 앞서는 사람이 되어야 합니다.

말씀을 생각하며

1. 오늘의 말씀의 요점을 간단히 요약해 봅시다.

_____

_____

_____

_____

2. 오늘 말씀에서 본 받아야 할 기도의 자세는 무엇입니까?

_____

_____

_____

_____

한 주간의 기도제목

나	
가정	
교회	

제4과
성령의 사람이 되자

고린도전서 2:14~3:3
찬송 : 344, 464

"육에 속한 사람은 하나님의 성령의 일들을 받지 아니하나니 이는 그것들이
그에게는 어리석게 보임이요, 또 그는 그것들을 알 수도 없나니 그러한 일은
영적으로 분별되기 때문이라." (고전 2:14)

본문에 보면 세 종류의 교인이 있습니다. ① 육에 속한 사람 ② 육신에
속한 사람 그리고 ③ 신령한 사람이 있습니다. 그 중에서 오늘은 신령한 자
에 대하여 살펴보고자 합니다.

1. 죄와 상관없이 사는 사람입니다

갈라디아서 5장 24절에, **"그리스도 예수의 사람들은 육체와 함께 그 정욕
과 탐심을 십자가에 못 박았느니라."** 고 했습니다. 정욕과 탐심이 죽었습니다.
갈라디아서 6장 14절에는 **"그리스도로 말미암아 세상이 나를 대하여 십자가
에 못 박히고 내가 또한 세상을 대하여 그러하니라."** 고 했습니다. 그러므로
자기의 욕심을 버리고 깨끗하게 사는 사람이 성령의 사람입니다.

야고보서 4장 8절에 보면, **"죄인들아 손을 깨끗이 하라 두 마음을 품은 자
들아 마음을 성결하게 하라"** 고 했습니다.

신령한 자란 죄를 떠나서 거룩한 삶을 살아가는 성숙한 성도를 가리킵니
다. 성령의 사람으로서, 성령 충만한 사람이며, 하나님의 거룩함을 닮아 거
룩한 사람입니다. 즉, 예수 그리스도로 말미암아 성령을 충만히 받아 하나
님의 성품을 품고, 예수 그리스도의 심정으로 깨끗하게 사는 것입니다. 즉,
죄와 상관없이 사는 것입니다.

2. 성령의 사람은 세속과 구별되게 삽니다

성도는 믿지 않는 사람들과 다른 삶을 삽니다. 또한 다른 믿는 사람과도 다릅니다. 성령의 사람의 특징은 거룩하게 사는 것, 곧 세속과 구별되게 사는 것을 말합니다. 성도는 이 세상에 살고 있지만 이 세상 사람과 같지 않습니다. 저 하늘나라의 시민권을 가지고 이 땅위에 나그네로 잠깐 지나는 사람과 같이 살아야 합니다.

성령의 사람의 삶의 태도는 말이 달라야 합니다. 상스런 말, 누추한 말, 포악한 말, 거짓된 말을 하지 말고, 은혜의 말, 덕스러운 말, 영혼을 살리는 말을 하여야 합니다.

야고보서 3장 10-11절에 보면 "한 입에서 찬송과 저주가 나오는도다 내 형제들아 이것이 마땅하지 아니하니라 샘이 한 구멍으로 어찌 단 물과 쓴 물을 내겠느냐"고 했습니다. 우리 입에서 단물과 쓴물을 같이 낼 수가 없습니다. 반드시 성도다운 입이 되어서 거룩한 말과 덕스러운 말을 하시기 바랍니다.

나아가 행실이 달라야 합니다. 술이나 담배를 삼가고, 도박이나 남을 해롭게 하는 행동을 하지 않으며, 미국의 청교도들이 미국사회의 신앙생활에 크게 영향을 끼치고, 세계의 교회에 영향을 끼친 것과 같이, 우리 성도들은 사회와 이웃에 예수님을 믿고 변화되어 이웃을 감동하게 하며, 덕을 세우는 사람이 되어야 합니다.

3. 성령의 사람은 성령의 뜻대로 삽니다

성령의 사람은 자기의 뜻대로가 아니라 성령의 뜻대로 사는 사람입니다. 육체의 소욕대로 사는 것이 아닙니다. 육체의 소욕대로 살면 죽고 말지만, 성령의 뜻대로 살면 평안함과 영생이라고 말했습니다. 또 성령의 뜻대로 사는 사람은 성령의 열매 곧 사랑과 희락과 화평과 인내와 자비와 양선과 충성과 온유와 절제의 열매를 맺습니다.

성령의 사람은 그리스도인으로서의 최고의 표준으로 살고자 노력합니다. 예수님과 같이 바울과 같이 기뻐하면서 감사하면서 삽니다. 이성봉 목사님의 기도를 되새겨 봅시다. "흠과 티와 주름 잡힘이 없는 수정과 같이 맑은 마음 예수 그리스도의 마음을 내게 주시옵소서." 오늘 여러분들도 흠과 티와 주름 잡힘이 없는 수정과 같이 맑은 마음, 예수 그리스도의 마음을 품으시기 바랍니다. 온유하고 겸손한 마음, 자비와 사랑의 마음, 아량 넓고 용서하는 마음을 품으시기 바랍니다.

4. 성령의 사람은 항상 깨어서 기도하면서 노력합니다

유명한 웨슬리는 "성결한 생활을 날마다 회개하는 생활"이라고 했습니다. 사랑하는 성도 여러분! 날마다 자신을 반성합시다. 털끝만큼이라도 죄를 자기 마음에 품고 살아서는 안 됩니다. 죄와는 상관없이 깨끗하게 살아야 합니다.

이사야 59장 1-2절에 보면 **"여호와의 손이 짧아 구원하지 못하심도 아니요 귀가 둔하여 듣지 못하심도 아니라 오직 너희 죄악이 너희와 너희 하나님 사이를 갈라놓았고 너희 죄가 그의 얼굴을 가리어서 너희에게서 듣지 않으시게 함이니라"** 라고 했습니다. 그러므로 우리들은 죄와 상관없이 깨끗하게 살도록 노력하되 죄를 철저히 찾아서 회개해야 합니다.

그리고 열심히 말씀을 배워야 합니다. 성경은 우리 마음의 거울입니다. 거울을 보고 자기의 잘못을 고치는 것과 같이 성경을 통해서 자기를 늘 고치는 것입니다. 성경을 통해서 우리가 늘 격려를 받는 것입니다. **디모데전서 4장 5절**에 보면 **"하나님의 말씀과 기도로 거룩하여짐이라"** 라고 했고, **에베소서 5장 26절**에는 **"이는 곧 물로 씻어 말씀으로 깨끗하게 하사 거룩하게 하시고"** 라고 했습니다. 하나님의 말씀을 열심히 읽고 듣고 배워서 신령한 성도의 생활을 영위해 나가시기를 바랍니다.

말씀을 생각하며

1. 오늘의 말씀의 요점을 간단히 요약해 봅시다.

_____

_____

_____

_____

2. 오늘 말씀에서 본 받아야 할 기도의 자세는 무엇입니까?

_____

_____

_____

_____

한 주간의 기도제목

나	
가정	
교회	

제5과
하나님을 기쁘시게 하자

로마서 2:1-2

찬송 : 528, 529

"그러므로 남을 판단하는 사람아, 누구를 막론하고 네가 핑계하지 못할 것은
남을 판단하는 것으로 네가 너를 정죄함이니
판단하는 네가 같은 일을 행함이니라 이런 일을 행하는 자에게
하나님의 심판이 진리대로 되는 줄 우리가 아노라." (롬 2:1~2)

이 세상에는 자기만을 기쁘게 하기 위해 사는 사람도 있고, 남편을 기쁘게 하기 위해 전념하는 사람도 있고, 어떤 사람은 자기 아내를 기쁘게 하기 위해 전념하는 사람, 자녀들을 위해 전념하는 사람도 있습니다. 그런데 오늘 본문을 통해 말씀하셨듯이 부모도 아니요, 남편도 아내도 아니요, 자녀도 아닌 하나님을 어떻게 하면 기쁘시게 할 수 있는가? 말씀하고 있습니다. 우리 성도들은 무엇보다도 하나님을 기쁘시게 영화롭게 할 수 있는 자들이 되어야 합니다.

1. 믿음이 있는 자가 되어야 합니다

데살로니가전서 2장 4절에, **"오직 하나님께 옳게 여기심을 입어 복음을 위탁 받았으니 우리가 이와 같이 말함은 사람을 기쁘게 하려 함이 아니요 오직 우리 마음을 감찰하시는 하나님을 기쁘시게 하려 함이라."**

히브리서 11장 6절에 보면 **"믿음이 없이는 기쁘시게 하지 못하나니 하나님께 나아가는 자는 반드시 그가 계신 것과 또한 그가 자기를 찾는 자들에게 상 주시는 이심을 믿어야 할지니라."** 고 말씀하셨습니다.

하나님이 계신 것을 믿고, 하나님의 말씀을 그대로 믿고, 하나님께 기도하면 들어주실 것을 믿는 자를 하나님은 기뻐하시는 것입니다. 예수님은 하

나님의 아들이시오, 내 대신 십자가에 피 흘려 죽으시고, 구속해 주시고, 부활하신 분임을 믿을 때 그 사람은 구원을 받고 하나님이 기뻐하시는 자녀가 되는 것을 믿으시기 바랍니다.

창세기 15장 6절에, **"아브라함이 여호와를 믿으니 여호와께서 이를 그의 의로 여기시고"** 라고 말씀하셨습니다. 아브라함이 착한 일을 많이 해서 하나님이 기뻐하신 것이 아닙니다. 그 믿음을 의로 여기셨다고 말씀하셨습니다.

2. 회개하고 하나님께 돌아와야 합니다

에스겔 33장 11절에 보면 **"너는 그들에게 말하라 주 여호와의 말씀이니라 나의 삶을 두고 맹세하노니 나는 악인의 죽는 것을 기뻐하지 아니하고 악인이 그의 길에서 돌이켜 떠나 사는 것을 기뻐하노라"** 고 말씀하셨습니다. 하나님께서는 아무리 흉악한 죄인이라도 그 죄로 멸망하고 죽는 것을 기뻐하지 아니하고 그 죄에서 돌이켜 구원받는 것을 기뻐하신다는 말씀인 것입니다.

어느 집에 두 아들이 있었습니다. 집을 나간 탕자는 재물을 다 탕진해 버리고 돌아온 나쁜 아들이었습니다. 그러나 아버지는 그 아들을 끝까지 기다려 모든 것을 탕진하고 돌아온 아들이지만 맞아주고 큰 잔치를 베풀어 기뻐했다고 합니다.

회개는 즉시 하고 철저히 해야 합니다. 살아가다가 잘못된 것이 있으면 즉시 철저히 회개하고 돌이키십시오. 하나님께서는 죄인 하나가 회개하고 돌이키는 것을 기뻐하십니다.

3. 말씀에 순종하는 자가 되어야 합니다

사무엘상 15장 22절에 보면 **"사무엘이 이르되 여호와께서 번제와 다른 제사를 그의 목소리를 청종하는 것을 좋아하심 같이 좋아하시겠나이까 순종이 제사보다 낫고 듣는 것이 숫양의 기름보다 나으니"** 라고 했습니다.

하나님께서는 이스라엘이 아말렉과 싸웠을 때에 모든 우양(牛羊)이나 생명은 다 진멸해 버리라고 하셨는데, 사울 왕은 욕심이 생겨서 살찌고 기름진 우양을 살려 가지고 왔습니다. 이 때 사무엘이 이것들을 왜 살려 가지고 왔느냐고 묻자 사울은 하나님께 제사를 드리려고 가지고 왔다고 변명했습니다. 그때에 사무엘 선지자가 한 말이 이것입니다. 하나님 말씀에 거역하는 것은 점치고 굿하는 사술의 죄와 같고, 완고해서 제 고집대로 하는 것은 우상에 절하는 자와 같다고 했습니다. 순종하지 아니하는 것은 하나님은 절대적으로 기뻐하지 않습니다.

순종하는 자식이 부모를 기쁘게 합니다. 순종하는 교인을 볼 때 교역자는 기뻐합니다. 그리고 하나님의 말씀 앞에 겸손하고 온전하게 순종하는 자를 하나님은 진정 기뻐하시는 것입니다. 그러므로 하나님 말씀을 온전히 순종하는 성도 여러분이 되시기를 바랍니다.

4. 신령과 진정으로 예배해야 합니다

요한복음 4장 23절에 보면, **"아버지께 참되게 예배하는 자들은 영과 진리로 예배할 때가 오나니 곧 이 때라 아버지께서는 자기에게 이렇게 예배하는 자들을 찾으시느니라"** 고 말씀하셨습니다.

아무리 예배당을 훌륭하게 지어 놓았다 하더라도 영적인 예배를 드리지 아니하면 그 예배를 우리 하나님은 기뻐하시지 않으십니다. 하나님은 예배를 제일 기뻐하시지만 형식과 외식으로 드리는 예배는 기뻐하시지 않습니다. 오히려 가증이 여기십니다. 경건의 모양은 있으나 경건의 능력을 부인하는 예배는 기뻐하시지 않습니다. 찬송이나 기도나 헌금이나 이 모든 것을 신령과 진정으로 예배를 드릴 때 기뻐 받으시는 줄로 믿습니다. 그러므로 우리는 신령과 진정으로 예배를 드려야 하겠습니다. 진정으로 우리 하나님께서 기뻐 받으실 수 있는 산제사로 드리는 여러분이 되시기를 바랍니다.

말씀을 생각하며

1. 오늘의 말씀의 요점을 간단히 요약해 봅시다.

_____

_____

_____

_____

2. 오늘 말씀에서 본 받아야 할 기도의 자세는 무엇입니까?

_____

_____

_____

_____

한 주간의 기도제목

나	
가정	
교회	

2월
주께로 가까이

제6과
예수께로 오라

마태복음 11:25~30
찬송 : 93, 528

"수고하고 무거운 짐 진 자들아 다 내게로 오라 내가 너희를 쉬게 하리라.
나는 마음이 온유하고 겸손하니 나의 멍에를 메고 내게 배우라
그리하면 너희 마음이 쉼을 얻으리니, 이는 내 멍에는 쉽고 내 짐은 가벼움이라
하시니라." (마 11:28-30)

세상 사람들의 초청은 이름 있고 지위가 있고 특권이 있고 돈이 있는 자들을 초청하는 수가 많습니다. 그리고 그들의 초청의 동기는 신세나 지고, 은혜를 입은 사람에게 은혜를 보답하기 위해서 하는 수도 있지만, 자기를 과시하기 위한 초대가 있고 그렇지 않으면 대개는 득을 보기 위해서, 부조를 받게 위해서 초청하는 수가 많은 것을 봅니다. 그래서 청첩장을 납세고 지서라고 말할 수도 있다고 합니다. 즐거움을 함께 나누자는 의미의 초청이 되어야 할 줄 압니다.

1. 예수님은 수고하고 무거운 짐 진 자들을 초청하셨습니다

석가모니는 ① 사는 것이 고생이요 ② 늙는 것도 고생이요 ③ 병든 것도 고생이요 ④ 죽는 것도 고생이라고, 인생 4중고를 말했습니다.

알베르 카뮈의 <시지프의 신화>에도 ① 경제적인 짐-실직, 빈곤, 굶주림, 헐벗음 등. ② 정신적인 짐-불안, 초조, 고독, 절망 등. ③ 생 자체에 일어나는 짐-질병, 이율배반적인 모순, 죄로 인한 죽음, 신음, 괴로움, 비명 등. ④ 종교적인 짐-율법적인 행위를 강요하는 등 네 가지 인간의 짐을 말했습니다.

실존주의 철학자 칼 야스퍼스(K. Jaspers)도 '한계상황'을 말했는데, ①죄와 허물 ② 고통 ③ 병 ④ 우연한 염려 ⑤ 투쟁과 전쟁 ⑥ 죽음이라고 했

습니다.

인생의 이런 무거운 짐을 말한 이들은 많지만, 이러한 무거운 짐을 해결해 주겠다는 사람은 오직 예수님 밖에 없습니다.

죄 문제로 고민하던 사람이 죄 문제를 해결하려고 공자를 찾아갔습니다. "획죄어천이면 무소도야라(獲罪於天 無所禱也)" 즉 하나님 앞에서 죄를 범하면 사함 받을 길이 없다고 답변했습니다. 석가모니에게 갔더니 "전생에 죄를 지었으면 이생에서 그 죄의 업보를 받을 것이고 이생에서 죄를 지었으면 내생에 그 업보를 받아야 할지니라." 그러므로 석가모니는 고행으로 그 죄 값을 치러야 한다고 했습니다.

그러나 예수님은 무어라 말씀하십니까? **"오라 우리가 서로 변론하자 너희의 죄가 주홍 같을지라도 눈과 같이 희어질 것이요 진홍 같이 붉을지라도 양털 같이 희게 되리라"** (사 1:18)고 하셨습니다.

아무리 큰 죄인이라도, 인간이 고칠 수 없는 질병과 죽음, 정신적 고통과 생활고까지도 담당하시는 예수님 앞에 나오면 해결 받을 수 있습니다.

2. 예수님은 우리를 편히 쉬게 하십니다

요한복음 14장 27절에 **"평안을 너희에게 끼치노니 곧 나의 평안을 너희에게 주노라 내가 너희에게 주는 것은 세상이 주는 것과 같지 아니하니라 너희는 마음에 근심하지도 말고 두려워하지도 말라"**고 하셨습니다. 예수 안에서 평안히 쉼으로 새로운 생기를 얻게 하시고 또 어떠한 일도 극복할 수 있는 힘을 주시기 위함인 것입니다.

예수님은 인류를 사랑하사 십자가의 멍에를 지셨습니다. 우리도 위로 하나님을 사랑하고 아래로 이웃을 내 몸과 같이 사랑하는 사랑의 멍에를 져야 합니다. **마태복음 16장 24절**에, **"누구든지 나를 따라오려거든 자기를 부인하고 자기 십자가를 지고 나를 따를 것이니라"**고 하셨습니다. 주님이 메라는 멍에는 참으로 쉽고 가볍습니다. 주님은 **"내가 세상 끝 날까지 함께 하리**

라'고 말씀하셨습니다.

3. 예수님께 배우라고 초청하셨습니다

인도의 썬다싱은 불교인으로 예수님을 반대했습니다. 가문 좋고, 부요했고, 몸도 튼튼했고, 여러 수도사도 만났습니다. 그러나 마음의 번뇌와 고민을 해결 못하고 자살 직전에 본문 **28절**을 읽고 개종하여 성자가 되었습니다.

사람이 누구에게 배웠느냐가 중요한 것과 같이 예수님에게 배운다는 것이 얼마나 중요한지 모릅니다. 예수님의 온유한 마음과 겸손한 마음을 배웁시다. 예수님의 사랑과 봉사를 배웁시다. 그리고 예수님의 성품과 인격을 배웁시다. 그리고 예수님께 배운 것을 가지고 모든 족속으로 제자를 삼고 아버지와 아들과 성령의 이름으로 세례를 주고 주님께서 분부하신 모든 것을 가르쳐 지키게 합시다.

예수님께서 인생을 초청하여 주셨습니다. 수고하고 무거운 짐 진 자를 초청하셨습니다. 죄와 질병, 생활고, 죽음, 염려, 근심의 무거운 짐으로부터 초청하셨습니다. 초청하신 목적은 편히 쉬게 하시기 위해서입니다. 사랑의 멍에를 매고 예수님을 배우게 하기 위해서였습니다. 그래서 모든 족속으로 제자를 삼고 그들에게 주님의 분부를 가르치게 하기 위함입니다.

주님께서 우리를 불러 주셨습니다. 주님께 우리의 모든 것을 위탁하고, 주안에서 평안을 누리기 원합니다. 그리고 겸손하게 주님께 배워서 서로 짐을 지고 가는 신앙의 삶이 되기를 원합니다.

말씀을 생각하며

1. 오늘의 말씀의 요점을 간단히 요약해 봅시다.

_____

_____

_____

_____

2. 오늘 말씀에서 본 받아야 할 기도의 자세는 무엇입니까?

_____

_____

_____

_____

한 주간의 기도제목

나	
가정	
교회	

제7과
하나님의 백성이 되라

베드로전서 2:9
찬송 : 349, 576

*"그러나 너희는 택하신 족속이요 왕 같은 제사장들이요 거룩한 나라요 그의
소유가 된 백성이니 이는 너희를 어두운 데서 불러내어 그의 기이한 빛에
들어가게 하신 이의 아름다운 덕을 선포하게 하려 하심이라."* (벧전 2:9)

평신도란 선택받은 자로서, 믿는 자의 공동체인 교회를 가리키는 것입니
다. 3세기 중엽부터 교회가 제도화되어 감에 따라 성직계급을 갖지 아니한
일반 신자를 두고 사용하는 말이 되었습니다. 그래서 구약시대에 제사장과
백성의 관계와 같은 성격을 띠기 시작했습니다.

평신도는 교회의 객체가 아니라 중요한 주체이며 세상의 빛과 소금으로
서 세상은 평신도를 보고 교회를 알게 되는 것입니다. 그러므로 평신도는
책임 있는 교회의 주인입니다. 그러므로 우리 모두는 하나님의 백성임을 자
각해야 합니다.

1. 평신도는 택하신 백성입니다

구약시대에는 이스라엘 백성을 선민으로 택했었습니다. 그러나 이제는 우
리 성도들을 택하셨습니다. **이사야 43장 1-2절**에, **"야곱아 너를 창조하신
여호와께서 지금 말씀하시느니라 이스라엘아 너를 지으신 이가 말씀하시느니라
너는 두려워 말라 내가 너를 구속하였고 내가 너를 지명하여 불렀나니 너는 내
것이라"** 고 말씀하셨습니다.

참으로 미천하고 부족하지만 예수 그리스도로 말미암아 천에 하나 고르
시고 뽑으시고 택하신 족속입니다.

2. 왕 같은 제사장들입니다

구약에서 기름 부어 세우는 직분이 세 가지가 있는데, 왕과 제사장과 선지자입니다. 기름 부었다는 뜻은 ① 선택했다 ② 거룩하다 ③ 구별되었다는 뜻입니다.

왕 같은 제사장이란 그 지위와 사명이 왕 같은 제사장이란 뜻입니다.

첫째, 제사장이란 하나님께 직접 나아갈 수 있다는 뜻입니다.

옛날에는 제사장만 하나님께 나아갈 수가 있었습니다. 그러나 지금은 우리의 대제사장 되시는 예수 그리스도께서 십자가에 죽으심으로 그리스도의 찢긴 몸을 통하여 성소의 휘장이 위에서 아래로 찢어져 하나님께로 직접 나아가는 길이 열렸음을 의미합니다(히 10:19-20, 마 27:51). 그러므로 예수 그리스도를 믿음으로 그리스도와 연합한 신자는 언제든지 예수님의 피를 힘입어 은혜의 보좌 앞으로 직접 나아갈 수가 있게 되었습니다.

둘째, 신자는 누구나 하나님께 거룩한 제사 곧 예배를 드릴 수 있다는 뜻입니다.

베드로전서 2장 5절에, "너희도 산 돌 같이 신령한 집으로 세워지고 예수 그리스도로 말미암아 하나님이 기쁘게 받으실 신령한 제사를 드릴 거룩한 제사장이 될지니라"고 했습니다. 그러므로 성도는 우리 몸을 하나님이 기뻐하시는 거룩한 산제사로 드릴 사명이 있습니다(롬 12:1). 우리는 이제 하나님 앞에 나아와 찬미의 제사와, 기도의 제사와 선행과 봉사의 제사를 드려야 합니다. 이와 같은 제사를 드릴 때 하나님이 기뻐하십니다(히 13:16). 우리의 삶 전체를 통하여 날마다 드려야 할 제사입니다.

넷째, 제사장이란 중보의 역할을 하는 것입니다.

하나님과 세상 사이에 세상을 위하여 중재하고 화해시키는 거룩한 제사장 임무를 맡은 자들입니다. 우리가 구원받고 하나님의 백성으로 변모된 것은 하나님을 알지 못하고 하나님의 긍휼을 받지 못하는 자들에게 빛을 밝혀주고 하나님의 사랑을 선포하기 위하여 거룩한 사명을 받은 것입니다. 희생적인 봉사를 통하여 다른 사람을 위하여 기도하고 섬기는 사명입니다.

3. 하나님의 소유된 백성입니다

사람은 누구에게 속했느냐에 따라서 그 가치가 달라집니다. 우리는 천하보다도 귀한 존재입니다. 하나님의 소유된 백성이란, ① 하나님의 통치권 아래 있으며, ② 하나님의 보호 아래 있으며, ③ 하나님이 책임지는 자들이란 말입니다.

하나님의 소유된 백성은 하나님의 나라를 우선으로 하는 삶을 살아야 합니다. **마태복음 6장 33절**에, **"그런즉 너희는 먼저 그의 나라와 그의 의를 구하라 그리하면 이 모든 것을 너희에게 더하시리라"**고 했습니다. 그 나라 확장을 위해 우선순위를 두는 삶을 살아야 합니다.

고린도전서 10장 31절에, **"그런즉 너희가 먹든지 마시든지 무엇을 하든지 다 하나님의 영광을 위하여 하라"**고 했습니다. 또한 **로마서 14장 8절**에는 **"우리가 살아도 주를 위하여 살고 죽어도 주를 위하여 죽나니 그러므로 사나 죽으나 우리가 주의 것이로다"** 라고 했습니다.

이제 우리는 주님의 소유된 백성입니다. 우리 임의로 사는 것이 아니라 하나님의 뜻대로 사는 삶이 되어야 합니다.

평신도라는 말은 하나님의 백성이라는 말인데 택하신 족속이요 왕 같은 제사장이요 거룩한 나라요, 하나님의 소유된 백성입니다. 하나님의 소유된 백성이란 하나님의 통치 아래 있고, 보호 아래 있고, 하나님의 책임 아래 있다는 말입니다. 그러므로 하나님의 백성은 먼저 그의 나라와 그 의를 위하고 무엇을 하든지 하나님의 영광을 위하고, 사나 죽으나 주의 것으로서 죽도록 충성해야 합니다.

말씀을 생각하며

1. 오늘의 말씀의 요점을 간단히 요약해 봅시다.

_____

_____

_____

_____

2 오늘 말씀에서 본 받아야 할 기도의 자세는 무엇입니까?

_____

_____

_____

_____

한 주간의 기도제목

나	
가정	
교회	

제8과
성령의 생수를 마시라

요한복음 4:14
찬송 : 179, 198

"내가 주는 물을 마시는 자는 영원히 목마르지 아니하리니 내가 주는 물은 그
속에서 영생하도록 솟아나는 샘물이 되리라." (요 4:14)

사마리아 여자가 야곱의 우물로 물을 길러 갔었습니다. 그 때에 예수님께서 행로에 피곤하셔서 우물 곁에 쉬고 계셨을 때였습니다. 예수님께서 사마리아 여자에게 물 좀 달라고 말을 걸었습니다. 그때 이 여자는 **"당신은 유대인으로서 어찌하여 사마리아 여자인 나에게 물을 달라 하시나이까"** 하고 물었습니다.

예수님께서는 **"이 물을 먹는 자마다 다시 목마르려니와 내가 주는 물을 먹는 자는 영원히 목마르지 아니하리니 내가 주는 물은 그 속에서 영생하도록 솟아나는 샘물이 되리라"** 고 하셨습니다.

1. 생수로 채워야 합니다

인간의 육체는 물이 7, 80%를 차지하고 있다고 합니다. 사람뿐만이 아니라 모든 생물이 물이 없이는 생존할 수가 없습니다. 희랍 철학자 탈레스(Talese)는 "만물의 근원이 물이라"고 말했습니다.

하나님이 천지만물을 창조하실 때에도 물과 관계를 가지신 것을 알 수가 있습니다. **창세기 1장 1-2절에, "태초에 하나님이 천지를 창조하시니라 땅이 혼돈하고 공허하며 흑암이 깊음 위에 있고 하나님의 영은 수면 위에 운행하시니라"** 고 했습니다.

인간의 육신이 물 없이 생존할 수 없는 것과 같이, 우리 인간의 심령도

신령한 생수를 마시지 않고는 생존할 수 없습니다.

요한복음 7장 37-39절에 보면 **"명절 끝날 곧 큰 날에 예수님께서 서서 외쳐 이르시되 누구든지 목마르거든 내게로 와서 마시라 나를 믿는 자는 성경에 이름과 같이 그 배에서 생수의 강이 흘러나오리라 하시니 이는 그를 믿는 자들이 받을 성령을 가리켜 말씀하신 것이라"** 고 했습니다.

물과 성령으로 거듭나지 아니하면 하나님의 나라를 볼 수도 없고 들어갈 수가 없습니다. 여기서 말하는 물은 말씀을 말합니다. 또한 생수는 믿는 자의 받을 성령을 가리키는 말씀입니다.

보통 물과 생수는 다릅니다. 보통 물은 다시 거듭거듭 갈증이 납니다. 보통 물은 마실 때마다 줄어들고 모자랍니다. 그러나 생수는 늘 새롭고, 맑고 깨끗하고 시원합니다. 그리고 힘 있게 계속적으로 솟아납니다. 예수님께서 주시는 성령의 생수는 영원토록 목마르지 않게 해 주십니다. 예수님께서 주신 성령의 생수를 마심으로 답답한 심령이 시원해지시기 바랍니다.

시들어 가는 심령이 생기를 얻고, 죽어 가는 심령이 새 생명을 얻고, 불만스런 심령이 만족을 얻고, 불안한 심령이 평안을 얻고, 우울한 심령이 힘 있게 활기가 넘치고, 죽을 심령이 생명이 넘치는 심령이 되시기를 바랍니다.

2. 생수로 강건해져야 합니다

물은 몸을 구성하고 갈증 해소하는 것을 넘어서 체내를 지나는 동안에 몸 속 세포 하나하나에 산소와 영양을 공급하고, 체온을 조절하고, 땀과 대소변에 노폐물을 배설하고, 생명을 유지시키는 역할을 합니다. 그래서 좋은 물을 많이 마시면 건강하게 됩니다.

몸의 건강을 위해 물이 소중하듯이 우리의 영혼을 윤택하게 하기 위해서도 물이 있어야 하는데, 그 물을 영적인 생수라고 합니다. 비록 우리에게 육신적인 물, 돈과 지식과 명예가 넘쳐난다 할지라도 심령에 영생수가 흘러가지 않으면 그 삶은 황폐하게 되는 것입니다.

삶의 조건과 환경들이 조금 부족하여도 영혼에 생명수 샘물이 흘러가면 그곳에는 기쁨과 감사가 샘솟고, 찬양이 흘러넘치게 됩니다. 물이 독소를 배출하여 몸의 건강을 유지하듯이 영생수가 흘러가는 심령마다 죄와 허물을 제거하고, 속사람을 강건케 합니다. 메마른 땅에 물이 흘러가면 죽은 땅이 살아나고 식물이 자라나며 꽃을 피우고 열매를 맺듯이 영생수가 흘러들어가는 곳에 죽은 영혼이 살아나고, 병든 자가 치료되고, 하나님의 형상이 회복되고, 새 힘을 얻습니다. 하나님의 자녀로 영광스럽게 살아갈 수 있게 되는 것입니다.

오늘 여러분의 심령에 갈증을 일으키는 것이 무엇입니까? 아무리해도 채워지지 않는, 갈라진 심령에 진정으로 필요한 것이 무엇입니까? "누구든지 목마르거든 내게로 와서 마셔라"고 주님은 우리에게 말씀하십니다. 이 말씀이 우리의 신앙 속에 새겨져서 순간순간 생수의 강이 흘러넘쳐 남편에게, 아내에게, 자녀에게, 사회로 흘러가서 오늘날 교회가 사회적인 도덕적 주도성을 회복해야 합니다.

오늘 주님이 주시는 성령의 생수, 영원한 생명의 샘물이 여러분의 심령에 흘러넘치기를 원합니다.

말씀을 생각하며

1. 오늘의 말씀의 요점을 간단히 요약해 봅시다.

_____

_____

_____

_____

2. 오늘 말씀에서 본 받아야 할 기도의 자세는 무엇입니까?

_____

_____

_____

_____

한 주간의 기도제목

나	
가정	
교회	

제9과
주님께 고침을 받으라

마태복음 8:14~17
찬송 : 470, 474

"예수께서 베드로의 집에 들어가사 그의 장모가 열병으로 앓아 누운 것을 보시고,
그의 손을 만지시니 열병이 떠나가고 여인이 일어나서 예수께 수종들더라."
(마 8:14-15)

요즈음 사람들은 '어떻게 하면 건강하게 살까? 무엇을 먹으면 몸에 좋을
까?'하는 문제로 가장 고민하고 있습니다. 기독교는 우리의 심령을 거룩하
게 하고, 성령 충만하여 성결하게 사는 것을 강조하는 종교입니다.

오늘 말씀은 예수님께서 베드로의 장모를 열병에서 고쳐주실 뿐만 아니
라, 귀신들린 자들과 병든 자들을 고치셨다고 했습니다. 선지자 이사야의
말씀대로 예수님은 우리의 연약한 것을 친히 담당하시고 병을 짊어지셨습니
다.

1. 질병의 원인은 무엇입니까?

하나님이 사람을 지으실 때에는 건강하게 지으셨습니다. 그런데 우리의
조상 아담과 하와가 하나님의 법을 어기고 선악을 알게 하는 과일을 따 먹
었습니다. 그러므로 하나님 앞에 버림을 받았습니다.

사람은 마귀의 유혹으로 죄를 범하게 되었고, 그 결과로 인간에게 질병과
죽음이 찾아오게 된 것입니다(창 2:17). 신명기 28장 20-22절에 보면 악을
행하여 하나님을 잊을 때 저주와 멸망과 질병이 오게 된다고 했습니다.

욥기 2장 7절에 보면, 사탄이 여호와 앞에서 물러가서 욥을 쳐서 그 발바
닥에서 정수리까지 악창이 나게 하였고, 누가복음 13장 10-11절에 보면,

18년 동안 귀신들려 앓으며 꼬부라져 조금도 펴지 못하는 여자가 예수님의 안수를 받고 곧 펴고 건강해져서 하나님께 영광을 돌렸다고 했습니다.

질병 까닭에 우리를 단련시키고 연단시켜서 하나님 앞에 더 가까이 가게 하고, 은혜를 받게 하는 수가 많이 있는 것을 볼 때 병이 다 나쁜 것만은 아닙니다.

여호와를 앙망하는 자는 새 힘을 얻으리니 걸어가도 고단치 않고 달려가도 고단치 않고 젊은 독수리가 날개를 치며 올라감 같다고 했습니다. 예수님을 믿고, 성경대로 살면 건강해집니다.

2. 어떻게 신유의 은혜를 받게 됩니까?

출애굽기 15장 26절에 보면 **"이르시되 너희가 너희 하나님 나 여호와의 말을 들어 순종하고 내가 보기에 의를 행하며 내 계명에 귀를 기울이며 내 모든 규례를 지키면 내가 애굽 사람에게 내린 모든 질병 중 하나도 너희에게 내리지 아니하리니 나는 너희를 치료하는 여호와임이라"**고 말씀하셨습니다. 하나님은 능치 못할 것이 없습니다. 에스겔 골짜기의 마른 뼈들로 이스라엘 군대를 만드십니다. 돌로도 아브라함의 자손을 만든다고 **마태복음 3장 9절**에 말씀하셨습니다. 그 하나님이 여러분의 병을 고쳐주십니다.

예수님이 우리의 죄와 질병을 짊어지시고 십자가에 죽으신 것을 믿으십시오.

이사야 53장 4절에 보면 **"그는 실로 우리의 질고를 지고 우리의 슬픔을 당하였거늘 우리는 생각하기를 그는 징벌을 받아 하나님께 맞으며 고난을 당한다 하였노라 그가 찔림은 우리의 허물 때문이요 그가 상함은 우리의 죄악 때문이라 그가 징계를 받음으로 우리는 평화를 누리고 그가 채찍에 맞음으로 우리는 나음을 받았도다"** 라고 했습니다.

3. 회개하고, 병 낫기를 기도해야 합니다

죄로 인한 병은 죄를 묻어두면 기도해도 낫지 않습니다. 그 죄를 회개해야만 낫습니다. **야고보서 5장 16절**에 보면 **"너희 죄를 서로 고백하며 병이 낫기를 위하여 서로 기도하라"**고 했습니다. 죄를 자복하라는 말입니다. **호세아 6장 1-2절**에 **"오라 우리가 여호와께로 돌아가자 여호와께서 우리를 찢으셨으나 도로 낫게 하실 것이요 우리를 치셨으나 싸매어 주실 것임이라"** 라고 했습니다.

예수님이 병자를 고치실 때에도 **"작은 자야 안심하라 네 죄 사함을 받았느니라"(마 9:2)**고 했습니다. 그러므로 우리가 죄를 찾아서 회개해야 합니다. 우리의 행위를 조사해 보고 마음과 손을 아울러 하나님 앞에 들고 내 죄를 용서하여 달라고 회개해야 합니다. 아무리 큰 죄, 아무리 죽을 죄를 지어도 회개하면 주님은 용서하여 주십니다.

"너희 중에 병든 자가 있느냐 그는 교회의 장로들을 청할 것이요 그들은 주의 이름으로 기름을 바르며 그를 위하여 기도할지니라 믿음의 기도는 병든 자를 구원하리니 주께서 그를 일으키시리라"(약 5:14-15)고 했습니다. 기도하면 나음을 믿고 기도하여야 합니다.

성도 여러분, 전능하사 천지를 만드신 하나님을 믿으십시오. 우리의 죄와 질병을 짊어지시고 십자가에 죽으신 예수 그리스도를 믿으십시오. 그리고 하나님 앞에 자기를 살펴 죄를 회개하십시오. 의심하지 말고 믿음으로 간절히 기도하십시오. 간절히 기도한 뒤에 나은 줄을 믿으시기 바랍니다. 항상 하나님의 은혜를 감사하며, 건강한 몸으로 하나님의 영광을 위하여 충성하는 성도들이 되기를 바랍니다.

말씀을 생각하며

1. 오늘의 말씀의 요점을 간단히 요약해 봅시다.

_____

_____

_____

_____

2. 오늘 말씀에서 본 받아야 할 기도의 자세는 무엇입니까?

_____

_____

_____

_____

한 주간의 기도제목

나	
가정	
교회	

3월
부활의 신앙

제10과
십자가의 진리

고린도전서 1:18~31
찬송 : 341, 461

"십자가의 도가 멸망하는 자들에게는 미련한 것이요
구원을 받는 우리에게는 하나님의 능력이라." (고전 1:18)

공의로우신 하나님은 죄를 벌하십니다. 절대로 죄를 용납하지 않으십니다. 십자가를 통해서 죄에 대해 진노하시고 죄를 심판하시고 형벌하신 것입니다. 죄 없는 예수님이 전 인류의 죄를 짊어지시고 십자가의 형벌을 받으신 것입니다. 십자가는 하나님의 공의를 보여주신 사건입니다. 기독교를 십자가의 도라고 말하는데, 십자가의 도란 십자가에 관한 말씀, 십자가에 관한 길을 말합니다.

1. 십자가는 하나님의 사랑을 우리에게 보여주신 사건입니다.

하나님의 공의만을 생각하면 모든 사람은 형벌을 모면할 길이 없을 것입니다. 그러나 하나님께서는 멸망 받을 수밖에 없는 인류를 구원하시기 위해서 죄 없는 하나님의 독생자 예수 그리스도를 십자가에 내어 주셔서 만민을 위하여 희생하게 하신 것입니다. 이것이 하나님의 사랑입니다.

하나님이 세상을 이처럼 사랑하사 독생자를 주신 것입니다(요 3:16). 예수님께서는 연약하고 경건치 않고 죄인 되고 원수 된 인간들을 위하여 십자가에 못 박혀 돌아가셨습니다(롬 5:6-10). 로마서 5장 8절에 **"우리가 아직 죄인 되었을 때에 그리스도께서 우리를 위하여 죽으심으로 하나님께서 우리에 대한 자기의 사랑을 확증하셨느니라"**고 했습니다.

2. 십자가는 우리를 구속하기 위한 대속물로 희생하신 사건입니다.

십자가는 원래 로마의 사형 틀이었습니다. 가장 흉악한 범죄자나 반역자, 노예, 식민지의 반역자를 극형에 처할 때에 쓰는 형틀이었습니다. 그런데 예수님이 이 십자가에 처형을 받으신 것은 하나님의 공의로우심을 보여주신 사건입니다.

예수님이 오신 것은 섬김을 받으려 함이 아니라 도리어 섬기려 하고 자기 목숨을 많은 사람들의 대속물로 주려함입니다(마 20:28, 막 10:45). 하나님의 공의를 위하여 예수 그리스도가 대신 우리를 위하여 죽으신 것입니다.

테러분자들이 사람을 인질로 잡고 몸 값을 요구 하듯이 인류의 조상 아담과 하와의 범죄로 인하여 인간들은 마귀의 종이 되었습니다. 그런데 예수님께서 인류를 구원하시기 위해서 대속물이 되신 것입니다.

3. 십자가의 도를 믿는 사람은 구속을 얻는다는 진리를 보여줍니다

누구든지 십자가의 도를 믿기만 하면 구원을 얻습니다. 선행을 함으로, 진리를 앎으로 고행을 행함으로 율법을 지킴으로, 물질을 바침으로 구원을 얻는 것이 아닙니다. 오직 십자가의 도를 믿음으로 말미암아 구원을 얻는 것입니다. 하나님의 능력으로 구원을 얻는 것입니다. 이것이 하나님의 은혜요 하나님의 지혜요, 하나님의 방법입니다.

그러나 십자가의 도가 멸망하는 자들에게는 미련한 것입니다. 왜냐하면 십자가는 옛날 로마의 흉악범을 구형하는 형틀이기 때문에 거기에 처형당한 나사렛 예수를 믿는다는 것은 미련하게 보이는 것입니다.

유대인에게는 거리끼는 것입니다. 유대인들의 사상에는 **"나무에 달린 자는 하나님께 저주를 받았음이니라(신 21:23)"**고 했기 때문이었습니다. 그러나 예수님이 십자가에 달리신 것은 우리를 위하여 저주를 받은바 되사 율법의 저주에서 우리를 속량하신 것입니다(갈 3:13).

십자가의 도는 구원을 얻는 자에게는 하나님의 능력이 됩니다. 죄를 깨달아 회개케 하는 능력은 십자가의 도밖에 없습니다. 바울이 십자가의 도 앞에서 자기가 죄인의 괴수인 것을 깨닫게 된 것입니다(딤전 1:15).

우리가 얼마나 큰 죄인입니까? **마태복음 18장 24절**에 보면 1만 달란트 죄의 빚을 진자들입니다. 몸과 처자식들과 모든 소유를 다 팔아서 갚는다 해도 못 갚을 죄인입니다. 한 달란트는 6백 데나리온인데 한 데나리온은 장정 한 사람의 품삯입니다. 하루 품삯을 5만원이라면 6백 데나리온은 3억 원인데, 3억 원을 만 배하면 3조억원이 되는 것입니다. 이러한 큰 죄를 예수 그리스도께서 대속하여 주셨습니다. 그 예수님의 십자가 앞에 회개하고 십자가의 도를 믿음으로 구원을 받는 것입니다. 십자가의 도, 곧 십자가의 복음의 말씀을 통해서 참 평강과 기쁨과 소망을 갖게 되는 것입니다.

이제 우리는 이 십자가의 도를 믿을 뿐만 아니라 십자가를 자랑해야 합니다. 바울 사도는 전도할 때에 말과 지혜의 아름다운 것으로 아니하고 예수그리스도와 그의 십자가에 못 박히신 것 외에는 아무것도 알지 아니하기로 작정하였습니다(고전 2:2). 십자가를 가까이하여 십자가의 은총을 감사하는 동시에 십자가를 자랑하고 전파하시기를 바랍니다.

말씀을 생각하며

1. 오늘의 말씀의 요점을 간단히 요약해 봅시다.

_____

_____

_____

_____

2. 오늘 말씀에서 본 받아야 할 기도의 자세는 무엇입니까?

_____

_____

_____

_____

한 주간의 기도제목

나	
가정	
교회	

제11과
섬기러 오신 예수님

마태복음 20:20~28
찬송 : 214, 221

"너희 중에 누구든지 으뜸이 되고자 하는 자는 너희의 종이 되어야 하리라
인자가 온 것은 섬김을 받으려 함이 아니라 도리어 섬기려 하고
자기 목숨을 많은 사람의 대속물로 주려 함이니라" (마 20:27~28)

세베데의 아들의 어머니가 두 아들과 함께 예수님께 와서 두 아들을 주의 나라에서 하나는 우편에 하나는 좌편에 앉게 해 달라고 요청하였습니다. 그 때에 주님은 **"내 좌우편에 앉는 것은 내가 줄 것이 아니라 내 아버지께서 누구를 위하여 예비를 하셨는지 그들이 얻을 것이다"** 라고 하셨습니다. 그리고 이어서 **"너희 중에 누구든지 크고자 하는 자는 너희를 섬기는 자가 되고 너희 중에 누구든지 으뜸이 되고자 하는 자는 너희의 종이 되어야 하리라"** 고 답하셨습니다.

1. 우리 주님도 종으로 오셨습니다

섬김을 받으려 함이 아니라 도리어 섬기려고 오셨습니다. **빌립보서 2장 5 -7절에 "너희 안에 이 마음을 품으라 곧 그리스도 예수의 마음이니 그는 근본 하나님의 본체시나 하나님과 동등 됨을 취할 것으로 여기지 아니하시고 오히려 자기를 비워 종의 형체를 가지사 사람들과 같이 되셨고 사람의 모양으로 나타나사 자기를 낮추시고 죽기까지 복종하셨으니 곧 십자가에 죽으심이라"** 라고 했습니다.

종이라는 것은 상전에게 절대 복종하는 것입니다. 종은 절대 권리가 없고 오직 의무만이 있습니다. 무엇이든지 시키면 수행하려고 대기하고 있습니다. 그리고 '예'만 있고 '아니오'가 없습니다. 죽으라면 죽기까지 복종합니

다. 예수님은 죽기까지 십자가에 복종을 했습니다.

자기 목숨을 많은 모든 사람의 대속물로 주려고 오셨습니다. 대속물은 속량물이라고도 하는데 종이나 포로를 풀어줄 때(양민이 되게 할 때) 소용되는 대가입니다. 우리가 영원히 죽을 수밖에 없는 죄인들인데, 예수님께서 십자가에 대속의 죽음을 하셨습니다.

2. 예수님은 제자들의 발을 씻기심으로 섬김을 가르치셨습니다

우리 예수님은 끝가지 사랑으로 섬기셨습니다. 주님의 가르침이 무엇입니까? 많은 사람에게 봉사를 가장 많이 한 사람이 가장 존귀한 사람입니다. 존귀한 사람이 되기를 원합니까? 다른 사람을 더 많이 섬긴 사람이 가장 존귀한 사람입니다. 하나님의 종으로서 섬기는 일을 하기 바랍니다.

자기를 낮추는 자가 천국에 큰 자입니다. **마태복음 18장 1,4절**에 제자들이 예수께 나아와 물었습니다. **"천국에는 누가 크니이까?"**, **"누구든지 이 어린아이와 같이 자기를 낮추는 사람이 천국에서 큰 자니라"**고 했습니다.

모든 사람의 종이 되어 섬기는 자가 큰 자요 으뜸가는 자입니다. 예수님은 가장 크고 으뜸 되신 분이 종으로 오셔서 섬김을 보이셨습니다. 예수와 같이 종의 도를 지켜 따르는 자가 되기 바랍니다.

섬김을 받으려는 마음은 사탄의 마음이요, 섬기려는 마음은 주님의 마음입니다. 섬김을 받으려는 사람은 그 섬김을 받는 기간이 오래가지 못합니다. 그러나 예수님의 마음으로 섬기려는 사람은 영원히 존경받게 됩니다. 예수님을 본받아 섬기는 삶을 살아가며, 봉사하고 전도하는 성도들이 되어야 합니다.

3. 가장 큰 자나 으뜸가는 자는 종과 같이 섬기는 자였습니다

모세는 하나님의 종으로 표현됐습니다. **민수기 12장 7절**에, **"내 종 모세는"** 많은 사람들 가운데서 가장 충성된 종이었다고 하나님이 말씀하셨습니다. 또 **민수기 12장 3절**에 보면, **"이 사람 모세는 모든 사람보다도 가장 온유한 사람"**이었다고 했습니다. 제일 높고 훌륭한 사람은 종이 되어 섬겨야 하고, 반드시 온유해야 한다는 것을 가르치고 있습니다.

다윗 왕도 하나님의 종으로서 백성들을 섬겼습니다. 그는 지금도 이스라엘의 가장 큰 왕으로 높이 칭송받고 있습니다. 바울 사도 역시 종으로서 성도들을 섬겼습니다. 그는 그의 서신서 첫머리에 언제나 먼저 **"나 하나님의 종 바울은..."**, **"그리스도의 종 바울은 ..."**이라고 칭합니다.

바울은 원래 "큰 자"라는 뜻을 가진 사울이었습니다. 그런데 은혜를 받고 "작은 자"라는 뜻의 바울로 이름을 바꾸었습니다. 바울 사도는 히브리 사람 중에도 히브리인이며, 가장 정통적인 베냐민 지파 자손이며, 뿐만 아니라 다소 대학을 나오고, 그 당시 가말리엘이라는 유명한 학자의 문하생이었습니다. 또 로마의 시민권자이기도 했습니다. 그런데 자신을 가리켜 만삭되지 못하여 난 자와 같은 자이며, 죄인중의 괴수라고 하였습니다.

바울 사도는 모든 성도 중에 지극히 작은 자보다 더 작은 자이지만, 사도라고 칭함을 받는 것은 하나님의 거저 주시는 은혜라고 생각하며 섬기는 모범을 보였습니다. 베드로 역시 자기를 하나님의 종으로 지칭을 하였습니다. 모든 선지자나 모든 사도들이 종으로 섬겨왔습니다.

우리도 주님의 은혜를 깨달아 낮아지고 섬기는 자의 자세로 우리에게 주어진 직분을 잘 감당하여야 하겠습니다.

말씀을 생각하며

1. 오늘의 말씀의 요점을 간단히 요약해 봅시다.

_____
_____
_____
_____

2. 오늘 말씀에서 본 받아야 할 기도의 자세는 무엇입니까?

_____
_____
_____
_____

한 주간의 기도제목

나	
가정	
교회	

제12과
기독교와 부활

요한복음 11:25-26
찬송 : 158, 160

"예수께서 이르시되 나는 부활이요 생명이니 나를 믿는 자는 죽어도 살겠고 무릇
살아서 나를 믿는 자는 영원히 죽지 아니하리니 이것을 네가 믿느냐"
(요 11:25-26)

우리 주 예수 그리스도의 부활을 경축하기 위해서 이 자리에 모인 성도
여러분과 여러분의 가정과 하시는 모든 사업 위에 부활하신 예수 그리스도
로 말미암아 은혜와 사랑과 축복이 넘치기를 주님의 이름으로 축원합니다.

1. 부활은 기독교 신앙의 기초가 됩니다

예수님이 십자가에 처형되었을 때 제자들은 다 도망가고 말았습니다. 그
러나 부활하신 예수님을 만난 후 제자들이 예루살렘으로 모여들어 교회를
세우게 된 것입니다. 그러므로 부활은 기독교의 기초가 됩니다.

기독교가 다른 종교보다 독특하고 우월한 점은 예수님의 나심입니다.

예수님이 동정녀 마리아에게 성령으로 잉태되어 나신 사실입니다. 모든
사람이 부정모혈로 해서 태어났습니다. 다시 말하면 죄를 지은 아담의 씨를
받아서 태어났다는 말입니다. 까만 콩을 심으면 다 까만 콩이 되듯이 아담
의 씨를 받은 모든 사람은 다 죄인인 것입니다. **로마서 5장 12절에 "그러
므로 한 사람으로 말미암아 죄가 세상에 들어오고 죄로 말미암아 사망이 들어
왔나니 이와 같이 모든 사람이 죄를 지었으므로 사망이 모든 사람에게 이르렀
느니라"** 고 바울사도는 말했습니다. 아담의 씨를 받은 모든 사람이 다 죄인
이라는 점에서 유독 아담의 씨를 받지 않고 성령에 의해서 태어나신 분은

예수님 한 분 밖에 없습니다. 그는 사람 된 마리아를 통해서 나셨기 때문에 완전한 인간이요 성령을 통해서 태어나셨기 때문에 완전한 하나님이십니다.

그리스도의 부활은 예수님이 신성을 지니신 하나님의 아들이십니다. 웅변적으로 증거를 해주고 있습니다. 부활은 기독교만이 가지는 자랑스러운 사건입니다. 다른 어느 종교도 부활절이 없습니다. 기독교는 부활의 종교, 산 종교, 생명의 종교인 것입니다.

예수 그리스도의 부활은 기독교 전도의 표제가 되는 것입니다. 이 부활을 믿지 못하는 사람은 절대로 설교할 자격도 없고 기독교인의 자격도 없는 것입니다.

2. 부활은 성도의 미래의 부활과 관련이 됩니다

주님께서 재림하실 때에 주안에서 죽은 자들이 무덤에서 먼저 일어나고 그때 살아남은 자들은 몸이 완전히 변화해서 공중에 올리워 주님 맞이하게 된다고 성경에서 말하고 있습니다. 이것을 육체의 부활이라고 말하는 것입니다. 그러므로 믿는 자들은 죽음이 두렵지 않습니다. 예수 안에서 죽는 것은 끝이 아니라 영생으로의 입문입니다. **데살로니가전서 4장 13절**에 바울 사도는 **"형제들아 자는 자들에 관하여는 너희가 알지 못함을 우리가 원하지 아니하노니 이는 소망 없는 다른 이와 같이 슬퍼하지 않게 하려함이라"** 자는 자들은 다 소망이 없는 까닭에 슬퍼하지만, 예수 안에서 자는 자들은 예수 안에서 소망이 있다고 했습니다.

요한복음 11장 25-26절에 예수님께서 말씀했습니다. **"예수께서 이르시되 나는 부활이요 생명이니 나를 믿는 자는 죽어도 살겠고 무릇 살아서 나를 믿는 자는 영원히 죽지 아니하리니 이것을 네가 믿느냐"**

고린도전서 15장 20절에 바울 사도는 **"그러나 이제 그리스도께서 죽은 자 가운데서 다시 살아나사 잠자는 자들의 첫 열매가 되셨도다"** 라고 했습니다.

첫 열매가 맺으면 둘째, 셋째 열매, 수 천 수 만 개의 열매가 맺게 되는 것입니다. 그러기에 시성 괴테는 "만일 죽었다가 다시 산다는 이 사실을 알기까지는 당신은 무수한 슬픔의 나그네에 지나지 않는다"고 했습니다. 부활의 희망을 가지고 죽음 앞에 두려워하지 아니하는 기쁨의 순례자가 되어지기 바랍니다.

3. 그리스도의 부활은 새로운 힘이요, 소망이 됩니다

예수 믿는 사람들의 심령은 항상 사랑으로 넘치게 될 것입니다. 여러분들의 가정에 부활이 있기를 바랍니다. 그래서 부모를 사랑하는 사랑이 넘치기를 바랍니다. 자녀를 사랑하는 사랑이 넘치기를 바랍니다. 부부간의 애정도 부활하기를 바랍니다. 형제간의 우애도 부활하기를 바랍니다.

시편 37편 24절에 보면 **"그는 넘어지나 아주 엎드러지지 아니함은 여호와께서 그의 손으로 붙드심이로다"**고 했습니다. 지금 엎드러졌다고 낙심하지 마세요. 우리 주님께서 당신의 손을 붙잡고 일으키시는 것을 믿으시기 바랍니다.

주님의 부활로 제자들은 용기를 얻어서 힘 있게 외치면서 부활의 증인들이 되었습니다. 복음을 전파하는 것을 방해하는 사람들이 많이 있었습니다. 그러나 제자들은 "우리가 보고들은 것을 말하지 않을 수가 없다"고 힘 있게 복음을 전했던 것입니다. 사자 굴에 들어가도 기름 가마에 들어가도, 화형을 당해도, 칼로 목 베임을 당해도 찬송을 부르면서 감사를 했던 것입니다. 부활의 소망이 있었기 까닭입니다.

예수 그리스도의 부활은 기독교 신앙의 기초가 되며 기독교 전도의 표제가 됩니다. 그리고 부활 신앙은 믿는 사람들에게 큰 힘과 능력을 부어 주십니다. 부활하신 예수 그리스도로 말미암아 은혜와 사랑과 축복과 용기와 건강과 각양의 은혜가 넘치기를 원합니다.

말씀을 생각하며

1. 오늘의 말씀의 요점을 간단히 요약해 봅시다.

_____

_____

_____

_____

2. 오늘 말씀에서 본 받아야 할 기도의 자세는 무엇입니까?

_____

_____

_____

_____

한 주간의 기도제목

나	
가정	
교회	

제13과
부활의 신앙

고린도전서 15:51-58
찬송 : 169, 172

"보라 내가 너희에게 비밀을 말하노니 우리가 다 잠 잘 것이 아니요 마지막
나팔에 순식간에 홀연히 다 변화되리니 나팔 소리가 나매 죽은 자들이 썩지
아니할 것으로 다시 살아나고 우리도 변화되리라" (고전 15:51-52)

사흘 되던 날 아침, 예수님은 무덤 안에서 새벽이 되기를 기다리시다가
드디어 무덤을 열고 부활하셨습니다. 만일 부활이 없었다면, 예수님은 실패
했고 사단에게 진 것이었습니다. 그러면 우리는 예수님을 따르는 것을 중지
하고 더 힘이 센 사단을 숭배해야 했습니다. 그러나 예수님은 부활하심으로
죽음을 물리치셨고, 사단을 이기고 승리하셨습니다.

1. 부활은 신비입니다

본문 51절에 **"보라 내가 너희에게 비밀을 말하노니 우리가 다 잠 잘 것이
아니요 마지막 나팔에 순식간에 홀연히 다 변화되리니"** 라고 했습니다. '비밀'
은 영어로 'mystery'인데, 이 말은 '감추어진 것', '신비'라는 뜻입니다. 바
울이 여기서 말하고자 하는 비밀의 내용은 부활입니다. 바울은 부활을 '비
밀', 혹은 '신비'라고 하였습니다.

신비란 무엇입니까? 우리는 신비라고 하면 먼저 부정적인 것을 떠올립니
다. 그래서 '논리적으로 이해가 되지 않는 것', 혹은 '세상에 존재하지 않는
것'을 신비라고 생각합니다.

그러나 사실 신비는 우리가 모르고 이해하지 못할 뿐이지 사실이 아닌
것은 아닙니다. 내가 알고 모른다는 것과, 사실이냐 아니냐 하는 것은 별도
의 문제입니다. 내가 아는 것이라고 반드시 있는 것도 아니고, 내가 모르는

것이라고 반드시 없는 것도 아닙니다.

부활은 우리가 이해할 수 없는 신비입니다. 그러나 부인할 수 없는 사실입니다. 내가 모른다고 사실이 아니라고 해서도 안 되고, 내가 이해할 수 없다고 사실이 아니라고 부인해서도 안 됩니다. 부활은 믿어야 하는 신비입니다.

2. 부활의 신앙이란 불멸의 몸으로 변화될 것을 믿는 것입니다

성경에서 '부활'이라는 말은 '변화'라는 말로 더 많이 사용되고 있습니다. 바울은 본문에서 부활을 말하면서 "변화되리라"고 하였습니다. 여기서 "변화되리라"는 말은 '바뀐다'는 뜻으로, 생명의 변화, 생명으로의 변화, 그리스도적 생명으로의 변화를 가리키는 말입니다. 주님이 재림하실 때 죽었던 자들은 불멸의 몸으로 살아나고, 살아 있다가 주님의 재림을 맞이하는 자들은 불멸의 몸으로 변하는 것입니다.

부활하는 몸은 그런 불완전한 부활체가 아니라 완전한 부활체입니다. 우리는 불멸의 몸으로 변화됩니다. 영원히 썩지 않을 몸으로 변화됩니다. 예수님이 재림하시는 날 우리는 불멸의 옷을 입고, 불사의 옷을 입게 됩니다. 이 모든 것이 바로 우리를 위하여 십자가에 죽으시고, 장사한지 사흘 만에 부활하신 예수 그리스도의 부활의 승리 때문에 얻게 되는 것입니다.

예수님은 부활의 첫 열매가 되셔서 우리 모두에게 부활의 길을 열어놓으셨습니다. 이 부활의 신앙을 가진 모든 성도들은 다 그 분의 부활에 참여하는 영광을 누리는 특권에 동참하게 됩니다. 예수님이 부활하신 것 같이 우리 모두가 부활할 것입니다. 부활은 자연적 변화가 아닙니다. 부활은 자연 현상이 아니라 재창조의 역사요, 변화케 하시는 역사입니다.

예수님께서 변화케 하신다는 말씀입니다. 그리스도께서 죽으시고 하나님께서 살리셨습니다. 우리도 하나님께서 친히 살리십니다. 주 안에 있는 모든 자를 살리십니다. 그리스도의 부활은 곧 우리의 부활입니다. 예수 그리스도 안에 있는 모든 성도는 주님이 재림하시는 날 불멸의 몸으로 변합니다.

3. 부활신앙은 죄와 율법과 사망을 다 이기는 넉넉한 것입니다

본문 **55-57절**에서 바울은 3가지 차원의 승리를 이야기합니다. 첫째는 사망에 대한 부활 생명의 승리입니다. 둘째는 죄악에 대한 정의의 승리입니다. 셋째는 율법에 대한 복음의 승리입니다. 바울은 예수님의 부활이 우리의 부활이고, 예수님의 승리가 우리의 승리임을 확신하였기에 승리감에 가득 차 부활의 승리를 선언한 것입니다. 우리의 사망에 대하여 이기고, 죄악에 대하여 이기고, 율법에 대하여 승리하는 것은 나의 힘이 강하거나 나의 지혜가 더 많기 때문이 아닙니다. 나는 약하고 보잘 것 없지만 우리 주 예수 그리스도로 말미암아 우리에게 이김을 주시는 하나님의 능력으로 승리하게 되는 것입니다.

다윗도 사탄의 유혹에 넘어갔습니다. 육체를 가진 인간은 다 유혹에 약합니다. 그러나 사망을 이기고 죄를 이기고 유혹을 이기고 부활하신 주님을 믿을 때 우리도 능히 사망과 죄와 유혹을 이길 수 있습니다. 나는 이길 수 없지만 예수로 말미암아 이기게 되는 것입니다.

사랑하는 성도 여러분, 부활을 믿는 우리의 신앙은 결코 헛된 것이 아닙니다. 비록 우리가 알지 못하고 이해하지 못해도 예수님의 부활은 역사적 사실이며, 우리의 부활은 예수 그리스도의 부활로 보장되어 있습니다. 죄와 율법과 사망을 이기는 부활의 신앙으로 승리의 삶을 살며 부활을 증거하며 살아가는 성도들이 되시기 바랍니다.

말씀을 생각하며

1. 오늘의 말씀의 요점을 간단히 요약해 봅시다.

_____

_____

_____

_____

2. 오늘 말씀에서 본 받아야 할 기도의 자세는 무엇입니까?

_____

_____

_____

_____

한 주간의 기도제목

나	
가정	
교회	

4월

전진하는 신앙

제14과
기도에 최선을 다하는 사람

시편 5:1~3
찬송 : 361, 364

"여호와여 나의 말에 귀를 기울이사 나의 심정을 헤아려 주소서 나의 왕, 나의 하나님이여 내가 부르짖는 소리를 들으소서 내가 주께 기도하나이다 여호와여 아침에 주께서 나의 소리를 들으시리니 아침에 내가 주께 기도하고 바라리이다" (시 5:1~3)

빌리 그레이엄 목사는 "내가 날마다 하나님이 살아계심을 자신 있게 말할 수 있는 이유는 내가 매일 아침마다 하나님과 이야기하기 때문이다"라고 했습니다.

무디는 "기도란 사고와 목적으로 하나님을 끌어당기는 것이 아니요 나의 사고와 배려와 갈망을 하나님 편으로 끌어주어 그의 도안과 예정에 맞추어 조화를 이루게 하는 것이다" 라고 했습니다.

우리는 본문을 통하여 기도의 자세와 응답받는 비결을 찾을 수 있습니다.

1. 간구하는 자에게 가까이 하십니다

하나님은 특정인의 기도만 들으시거나 특정인에게만 응답이나 계시를 주시는 것이 아닙니다. 만일 나만 하나님의 음성을 듣고 계시를 받고 지시를 받는다고 생각한다든지 하나님이 내 기도만 들으신다고 생각하거나 말하는 사람이 있다면 그것은 큰 잘못입니다. 그리고 자기는 기도하지 않으면서 기도한다는 사람들을 찾아다니며 마치 무당이나 점쟁이를 찾아가 운명을 묻고 점치듯이 무엇을 알고 싶어 하는 사람이 있다면 그것은 더 잘못입니다.

하나님은 자기 입으로 간구하는 자들과 자기 소리로 기도하는 모든 사람들의 기도를 들으십니다. **시편 5편 2절**을 보면 **"나의 왕, 나의 하나님이여 내가 부르짖는 소리를 들으소서 내가 주께 기도하나이다"** 라고 했고, **시편 5편 3절**을 보면 **"주께서 나의 소리를 들으시리니"** 라고 했습니다.

하나님이 들으시는 기도는 진실과 간구입니다. 하나님 앞에 정직과 진실과 솔직한 모습과 마음으로 서야 합니다. 진실한 사이는 가까운 사이입니다. 서로 거짓이 있고 꾸밈이 있으면 사이가 가까워질 수 없습니다. 내가 하나님을 가까이서 부르지 못하는 것은 나에게 허위가 있고 감추고 싶은 죄가 있기 때문입니다.

하나님은 내가 가까이서 부르는 것을 원하십니다. 하늘에서 우리를 부르실 수 있었습니다만 가까이서 부르시기 위해 친히 이 땅 우리 곁에 오셨습니다. 그리고 우리들에게도 가까이 나와서 부르라고 말씀하십니다. 하나님은 진실하게 간구하는 모든 자의 기도를 들어주신다는 것을 믿고 기도합시다.

2. 경외하는 자의 소원을 이루어 줍니다

소련의 저항 작가 솔제니친이 미국에서의 망명생활을 청산하고 그의 조국 소련으로 돌아갔습니다. 이유는 조국을 버릴 수 없다는 것 때문이었습니다. 그는 비록 가난하고 낙후된 조국 러시아이지만 자신의 조국을 인정했기 때문에 조국으로 돌아갈 수 있었던 것입니다.

그러나 우리가 섬기고 돌아가야 할 하나님의 품은 러시아의 품이 아닙니다. 미국의 품도 아닙니다. 영원히 안전하고 풍요로운 하나님의 품입니다. 그곳에 나의 행복이 있고 응답이 있기 때문에 하나님을 경외하고 그 품을 의지하게 되는 것입니다. 하나님은 하나님을 경외하는 자의 소원을 이루어 주십니다.

풍랑으로 난파당한 선원들이 무인도에서 구원을 기다리고 있었습니다. 3

개월째 지나가고 있습니다. 그때 그들이 취할 태도는 어떤 것이어야 하겠습니까? '지나가는 배가 알아서 우리를 구해주겠지'라며 앉아서 잡담이나 나누고 있을 수 있을 것입니다. 아니면 '이왕 죽은 목숨 발버둥 칠 필요가 있겠느냐'며 포기해 버릴 수도 있을 것입니다. 그러나 구원받는 길은 나무를 모아다가 불을 지펴 연기를 피우고, 옷을 벗어 높은 데로 올라가 흔들고 죽을 힘을 다해 소리를 질러야 할 것입니다. 하나님을 향해 부르짖는 것은 특권이며 영광입니다. 힘써 부르짖어 기도합시다.

3. 하나님을 사랑하는 자를 보호해 주십니다

하나님은 하나님을 사랑하는 사람의 기도와 소원을 들어주시고 그를 지키시고 보호해 주십니다.

사랑은 그릇과 같습니다. 그릇이 크면 물을 많이 담을 수 있지만 그릇이 작으면 물을 적게 담을 수밖에 없습니다. 사랑은 많이 크게 하는 사람이 많은 사랑을 받게 됩니다. 그래서 바울은 **"우리 주 예수 그리스도를 변함없이 사랑하는 모든 자에게 은혜가 있을지어다"** 라고 했습니다.

의도적으로 하나님을 거역하고 증오하고 반역하면서 사랑을 기대하는 것은 오산입니다. **시편 145편 20절**에 **"여호와께서 자기를 사랑하는 자들은 다 보호시고 악인들은 다 멸하시리로다"** 라고 말씀하셨습니다. 우리는 나를 사랑하시고 내가 사랑하는 주님을 향해 기도해야 합니다. 기도 안 해도 된다는 교만이나 착각은 버려야 합니다.

행복한 사람은 행복의 지속을 위해, 고독한 사람은 그 고독의 극복을 위해, 병든 사람은 치유를 위해, 은혜 받은 사람은 감사를 위해, 주님을 사랑하는 사람은 뜨거운 사랑의 고백을 위해 기도의 손을 높이 듭시다. 기도에 최선을 다하면서 최상의 응답이 임할 것입니다.

말씀을 생각하며

1. 오늘의 말씀의 요점을 간단히 요약해 봅시다.

_____
_____
_____
_____

2. 오늘 말씀에서 본 받아야 할 기도의 자세는 무엇입니까?

_____
_____
_____
_____

한 주간의 기도제목

나	
가정	
교회	

제15과
경배하는 사람들

시편 29:1-2
찬송 : 9, 12

"너희 권능이 있는 자들아 영광과 능력을 여호와께 돌리고 돌릴지어다
여호와께 그의 이름에 합당한 영광을 돌리며 거룩한 옷을 입고 여호와께
예배할지어다"(시 29:1-2)

사람과 짐승의 다른 점은 여러 가지입니다. 사람은 문자와 언어를 가지고 있는 점이라든지 도덕이나 윤리 규범을 지키는 능력 등 짐승이 가지지 못한 것들을 가지고 있습니다. 그러나 더욱 중요한 것은 절대자에 대한 경외심과 신앙심을 갖는다는 점입니다. 아무리 지능지수가 높은 침팬지들이라고 하더라도 그들 세계엔 하나님 예배가 없습니다. 그러나 제아무리 미개하고 야만적인 사람들이라도 그들이 모인 곳엔 예배가 있고 교회가 있는 것입니다.

오늘은 하나님을 예배하는 자세가 어떠해야 하는지 살펴보고자 합니다.

1. 예배는 계속해서 드려야 합니다

1절을 보면 **"영광과 능력을 여호와께 돌리고 돌릴지어다"** 라고 했습니다. **"돌리고 돌릴지어다"** 라는 말은 계속해서 드리라는 것입니다. 신체의 리듬은 일할 때 일하고 쉬어야 할 때 쉬고 먹어야 할 때 먹고 잠자야 할 때 자는 것이 정상입니다. 그리고 시간과 간격을 조절해야 합니다. 그리고 그 리듬은 반복되어야 합니다. 정월 초하룻날 1년분의 음식을 다 먹을 수는 없습니다. 사흘 휴가 기간 동안 1년 밀린 잠을 다 잘 수는 없습니다.

1년에 한 번이나 한 달에 한 번 그리고 일주일에 한 번 정도의 예배로는 부족합니다. 예배는 하나님과의 만남이며 교제의 시간입니다. 친한 사람일

수록 가까운 사람일수록 만나는 횟수가 많아집니다. 그러다가 정말 친해지면 한 집에서 함께 사는 것입니다. 예배를 멀리하는 것은 하나님을 멀리하는 것입니다.

2. 합당한 예배를 드려야 합니다

2절을 보면 **"여호와의 이름에 합당한 영광을 돌리며"** 라고 했습니다. 구약 시대의 예배방법은 제사였습니다. 모든 제사는 정해진 법대로 드려야 합니다. 제물을 선택하는 법, 제물을 잡아서 드리는 법, 제사장이 제사를 집전하는 법 등이 상세하게 정해져 있었습니다. 신약의 경우는 예배의 기본 정신과 자세가 중요시되고 있습니다. **요한복음 4장 24절**에서 **"영과 진리로 예배할지니라"**고 하셨고, **로마서 12장 1절**에서 **"너희 몸을 하나님이 기뻐하시는 거룩한 산 제물로 드리라"**고 했습니다.

첫째, 미리 준비해야 합니다. 성경 ,찬송, 옷차림, 헌금, 마음가짐 등 미리미리 준비하고 당일에 서둘거나 조급히 굴면 안 됩니다.

둘째, 모든 예배시간을 지켜야 합니다. 누구든 하나님을 만나는 예배시간을 지켜야 합니다. 물론 교통사정이나 개인 사정이 있을 수 있습니다만, 하나님 뵙는 시간임을 명심해야 합니다.

셋째 바른 자세로 드려야 합니다. 마음과 몸가짐을 바르게 하고, 정성을 다하여 찬송과 기도를 해야 합니다.

넷째, 경건하게 드려야 합니다. 예배도중에 핸드폰이 울린다든지, 유유하게 통화를 한다든지, 수군거리면 안 됩니다. 유아가 쿵쾅거리며 돌아다니거나 울게 해서 예배를 방해해서는 안 됩니다.

우리는 언제나 오늘 이 예배가 하나님이 받으신 예배였는지를 생각해야 합니다. 헛수고로 시간을 낭비할 수는 없는 것입니다.

3. 아름답고 거룩하게 드려야 합니다

본문 **2절 하반절**을 보면 **"거룩한 옷을 입고 여호와께 예배할지어다"** 라고 했습니다. 여기서 말하는 거룩한 옷이란 거룩함으로 꾸민 아름다운 옷이라는 뜻입니다. 구약시대 제사장이 하나님께 제사를 드리기 위해 입는 옷은 평상복이 아니었습니다. 최고급 천에 수를 넣고 금수술을 달아 만든 거룩하고 아름다운 옷이었습니다. 하나님을 만나기 위해 입는 옷이기 때문에 아름답고 단정해야 합니다.

복장문화의 발달로 현대인들은 다양하고 멋있는 의상을 접하게 되었습니다. 유니섹스라고 해서 남녀의 성구별이 모호해져가고 있기 때문에 의상도 남녀 구별이 어려워져가고 있습니다. 그러나 분명한 것은 최초로 인간이 옷을 입기 시작한 것은 벌거벗은 수치를 가리기 위해서였다는 것입니다. 그러니까 어떤 옷이든 입어서 추하고 혐오스러우면 안 되는 것입니다. 특히 하나님을 만나기 위해 입는 옷은 더욱 아름다워야 합니다. 아름다운 예배, 기쁘고 즐거운 예배를 드려야 하는 것입니다.

주의 전에 나오기를 힘쓰는 사람들과 하나님을 예배하는 일에 최선을 다하는 사람들에게 하나님이 복을 주신다는 것입니다.

예배를 멀리하는 것은 하나님을 멀리하는 것입니다. 내가 하나님을 멀리하면 하나님과 거리가 멀어집니다. 그리고 교제가 끊어지고, 하나님과 상관없는 사람이 되고 맙니다. 그 결과가 어떻게 되셨습니까? 예배에 최선을 다합시다. 예배생활에 최선을 다해야 하겠습니다.

말씀을 생각하며

1. 오늘의 말씀의 요점을 간단히 요약해 봅시다.

_____

_____

_____

_____

2. 오늘 말씀에서 본 받아야 할 기도의 자세는 무엇입니까?

_____

_____

_____

_____

한 주간의 기도제목

나	
가정	
교회	

제16과
꿈을 이루는 사람

창세기 37:5~11
찬송 : 367, 368

"그가 그의 꿈을 아버지와 형들에게 말하매 아버지가 그를 꾸짖고 그에게 이르되
네가 꾼 꿈이 무엇이냐 나와 네 어머니와 네 형들이 참으로 가서 땅에 엎드려
네게 절하겠느냐 그의 형들은 시기하되 그의 아버지는 그 말을 간직해
두었더라."

(창 37:10~11)

크게 성공한 사람들은 큰 꿈을 꾼 사람들이었습니다. 희망이 없고, 비전
이 없고, 목표가 없고, 푯대가 없고, 꿈이 없는 사람은 제멋대로 되는대로
아무렇게나 살다가 죽는다는 말입니다. 사람다운 사람은 언제나 미래에 대
한 꿈을 가지고 보다 더 나은 내일을 위하여 노력하는 것입니다. 꿈이 있는
한 어떠한 어려움도 견디어 낼 수가 있습니다. 우리는 하나님을 향한 큰 꿈
이 있어야 합니다.

1. 하나님은 우리의 꿈을 이루어 주십니다

하나님은 우리가 준비한 그릇대로 채워주십니다. 큰 그릇을 준비하면 큰
그릇대로 채워주시고 작은 그릇을 준비하면 작은 그릇대로 채워주십니다.
**히브리서 11장 1절에, "믿음은 바라는 것들의 실상이요. 보이지 않는 것들의
증거"** 라고 했습니다. 우리의 바라는 것은 반드시 이루어집니다.

창세기 37장에 보면 꿈의 사람 요셉의 사건이 기록되어 있습니다. 요셉은
야곱의 12 아들 중 11번째 아들로서 노년기에 얻은 아들이었기에 아버지의
특별한 사랑을 받았습니다. 그래서 형제들의 시기를 많이 받았습니다. 그가
17세 때에 영롱한 꿈을 꾸었는데, 그 꿈은 형제들과 함께 밭에서 곡식을 묶

더니 요셉의 단은 일어서고 형제들의 단은 요셉의 단을 둘러서서 절하는 것과, 해와 달과 열 한 별이 요셉에게 절하는 꿈이었습니다. 그 꿈 이야기를 들은 형제들은 요셉을 더욱 미워하게 되었습니다. 결국 요셉은 형들의 미움을 받아 은 20개에 팔려서 애굽 왕의 시위대장 보디발의 가정 총무가 되었습니다. 그곳에서도 억울한 누명을 쓰고 감옥살이를 하였지만, 하나님께서 주신 꿈을 가슴에 안고 어려움을 끝까지 이겨낸 결과 애굽의 국무총리가 되었습니다. 그리고 기근에 시달린 그의 부모와 형제들이 곡식을 사러 찾아와서 동생인줄도 모르고 절을 한 뒤 극적으로 만났으니 결국 요셉의 꿈이 이루어진 것입니다.

누구든지 확실한 꿈과 이상을 가지고 믿음으로 살아가는 사람에게 하나님은 그 꿈을 이루어 주십니다.

2. 우리의 생각을 긍정적으로 바꾸어야합니다

미국의 유명한 목사요 성공한 학자인 Norman V. Peale 박사의 저술 중에 <The Power of Positive Thinking; 긍정적인 사고>란 책에서 그는 **"내게 능력주시는 자 안에서 내가 모든 것을 할 수 있느니라"** (빌 4:13)는 말씀을 날마다 외우라고 권합니다. 아침에 눈을 뜨면 세 번씩 외우고, 직장이나 학교에 갈 때에 되풀이하여 외우고, 학업이나 일을 시작할 때, 그리고 끝났을 때 3번씩 외우라는 것입니다. 이렇게 하면 우리의 생각이 긍정적으로 바뀌어 진다는 것입니다.

긍정적 사고란 기쁨, 행복감, 흥분, 열성 등 즐거운 감정 경험으로 정의됩니다. 이러한 감정은 일과성인 경우도 있지만, 대개 안정적인 감성의 특성입니다. 행복감이나 만족감을 느끼는 사람은 심장질환 발병 위험도 낮다고 합니다.

모든 사람은 하나님의 형상대로 그리고 만물의 영장으로 창조되었고 그들이 창조되었을 때에 하나님이 복을 주셨는데, **"생육하고 번성하여 땅에**

충만하라, 땅을 정복하라, 바다의 물고기와 하늘의 새와 땅의 움직이는 모든 생물을 다스리라 하시니라"(창 1:28)고 했습니다. 그러므로 하나님의 사람은 언제나 긍정적으로 생각하며 하나님의 일을 도모해야 합니다.

3. 꿈을 이루기 위해서 기도해야 합니다

성공한 사람들의 공통점은 시간을 가치 있게 선용한다는 것입니다. 반대로 실패한 사람은 시간을 무계획적으로 낭비하는 것입니다. 헬라어에는 시간의 의미가 두 가지 있습니다. 카이로스는 놓칠 수 없는 기회요, 찬스입니다. 그리고 크로노스는 흘러가 버리는 시간입니다. 우리는 시간을 흘러가버리는 것이 아니라 기회로 잡아야 합니다.

시간을 선용하는 가장 훌륭한 일은 기도로 하루를 시작하는 것입니다. 하나님께서 참 좋은 날, 성공의 날, 승리의 날, 복된 날을 주심을 입으로 시인하고 감사하는 기도로 하루하루를 시작하기를 바랍니다.

시편 127편 1절에 "여호와께서 집을 세우지 아니하시면 세우는 자의 수고가 헛되며 여호와께서 성을 지키시지 아니하시면 파수꾼의 깨어있음이 헛되도다"라고 말씀하셨습니다. 우리가 아무리 큰 꿈을 꾸고 노력한다고 해도 하나님이 함께 하시지 않으면 헛수고가 됩니다. 그러므로 우리의 꿈을 이루기 위해서 하나님께 의지하고 기도해야 하는 것입니다.

믿는 사람과 믿지 않는 사람의 사업하는 형태가 다릅니다. 믿지 않는 사람은 자기 힘만 의지합니다. 나폴레옹이 "내 사전에는 불가능이란 없다"고 했지만 결국 실패하고 말았습니다. 그러나 사도 바울은 "내게 능력 주시는 자 안에서 내가 모든 것을 할 수 있느니라"고 했습니다. 하나님을 떠나서는 아무것도 할 수가 없습니다. 하나님을 의지해야 합니다.

하나님을 향한 큰 꿈을 가지기 바랍니다. 긍정적인 생각을 가지기를 바랍니다. 그리고 그 꿈을 이루기 위해서 하나님을 의지하고 기도하기를 바랍니다. 하나님이 그 꿈을 이루어 주실 것입니다.

말씀을 생각하며

1. 오늘의 말씀의 요점을 간단히 요약해 봅시다.

_____

_____

_____

_____

2. 오늘 말씀에서 본 받아야 할 기도의 자세는 무엇입니까?

_____

_____

_____

_____

한 주간의 기도제목

나	
가정	
교회	

제17과
하나님이 지키시는 사람

신명기 32:1-15
찬송 : 93, 223

"여호와의 분깃은 자기 백성이라 야곱은 그 택하신 기업이로다 여호와께서 그를
황무지에서, 짐승이 부르짖는 광야에서 만나시고 호위하시며 보호하시며 자기
눈동자 같이 지키셨도다" (신 32:9-10)

신명기는 이스라엘 백성이 가나안 땅에 들어가서 지켜야 될 법도를 재조
명하고 확인하기 위해 기록한 말씀입니다. 다시 말하면 애굽을 떠나 광야를
횡단하고 있던 이스라엘 백성에게 주신 신앙과 생활 지침서입니다. 그 가운
데 **신명기 32-34장**은 신명기의 결론부분이 됩니다.

신명기의 결론은 두 가지로 요약됩니다. 그것은 하나님이 어떤 분이신가
를 설명하고 있으며, 모세가 죽기 전에 각 지파를 축복한 것입니다. 본문이
말하는 하나님은 한마디로 지키시는 하나님이십니다.

1. 열악한 환경과 위기에서 지켜주십니다

이스라엘 백성이 통과했던 광야는 사람이 거처하거나 통과하기가 힘든
곳이었습니다. 일교차가 커서 낮에는 일사병으로 쓰러질 만큼 폭염이 계속
되다가 밤이 되면 추위가 몰아닥칩니다. 마실 물이 없어 목말라 죽기 십상
이고, 독사와 맹수들이 들끓기 때문에 언제 기습을 받는지 예측불허입니
다. 거기다가 먹을 것을 구하는 것은 하늘의 별을 따는 것만큼 어렵습니다.

그런데 구약성경을 보면 그토록 열악하고 위험천만한 황야를 횡단했던
이스라엘 민족이 단 한명도 목말라 죽었거나 일사병으로 죽었거나 배고파
죽었거나 추위에 얼어 죽었거나 맹수에 물려 죽은 일이 없었습니다. 애굽에

서 나왔던 1세대가 광야에서 다 죽었지만, 그들이 죽은 이유는 하나님을 배반하고 불순종한 죄 때문이지, 황무지와 짐승 때문에 죽은 것이 아니었습니다(신 32:21).

돈 잘 벌고 성공하고 잘 살게 됐기 때문에 주님 외면하고 교회등지는 사람이 있는가 하면 감사하고 감격해서 신앙생활을 더욱 잘하는 사람들도 있습니다. 중요한 것은 잘 살든지 못 살든지, 성공했든지 실패했든지, 일이 되든지 안 되든지, 건강하든지 병들었든지, 그리고 살든지 죽든지 하나님을 외면해선 안 된다는 것입니다. 하나님은 우리가 황무지와 짐승이 울부짖는 광야에 들어섰을 때보다 더 철저하게 지키시고 보호해 주신다는 것입니다.

2. 왜 지켜 주십니까?

신명기 32장 9절을 보면 **"여호와의 분깃은 자기 백성이라 야곱은 그 택하신 기업이로다"** 라고 했습니다. 하나님이 친히 선택하신 자기 백성이기 때문이라는 것입니다. 이스라엘의 의도와는 상관없이 일방적으로 하나님이 선택하셨기 때문에, 하나님은 그들을 버릴 수가 없는 것입니다.

무엇보다도 그들을 버릴 수 없는 이유는 그들을 사랑하기 때문입니다. 사랑은 모든 조건과 제한과 약점과 허물을 넘어서고 덮어줍니다. 이스라엘과의 약속 때문에 지키시고 보호하신다기 보다는 사랑하기 때문에 덮어주시고 용서하시고 지켜주시는 것입니다.

약속은 엄밀하게 보면 냉정한 것입니다. 한쪽이 약속을 어기면 약속은 깨어지는 법이고, 그 책임은 어긴 사람 쪽에 있는 것입니다. 약속을 어긴 사람은 대접을 받기도 어렵고 용서를 받기도 어렵습니다. 그러나 사랑은 모든 것을 넘어섭니다. 그리고 용서와 관용과 도움을 받도록 해주는 것입니다.

이스라엘은 약속을 어겼습니다. 하나님만 섬기겠다던 약속도, 하나님만 사랑하겠다던 약속도, 결코 한눈팔지 않겠다던 철석같은 약속도 깨트려 버렸습니다. 그러나 사랑 때문에 용서받고 보호받을 수 있었습니다.

3. 어떻게 지켜 주십니까?

10절을 보면 **"만나시고 호위하시며 보호하시며 자기 눈동자 같이 지키셨도
다"** 라고 했습니다. 사람의 눈에는 30만개의 회로가 있고, 1억만 개의 신경
세포가 있어서 거리, 광도, 색상을 자동으로 조절한다고 합니다. 모든 신체
의 기능이 완전 자동화 시스템으로 되어 있지만, 특히 눈의 기능은 전자동
이라고 합니다. 눈꺼풀만 해도 완전 자동 개폐식이어서 유사시에는 즉흥적
으로 눈꺼풀이 덮여 안구를 보호하게 됩니다.

하나님이 자기 사랑하는 사람들을 자기 눈동자같이 지키시는 것은, 마치
자기 눈을 보호하듯 철저하고 완벽하게 지켜 주신다는 것입니다.

나아가 하나님은 우리를 홀로 인도하십니다(**12절**). 하나님은 홀로 홍해를
가르셨고, 이스라엘을 구원하셨습니다. 중요한 것은 이스라엘을 인도하신
방법입니다. **11절**을 보면 **"마치 독수리가 자기의 보금자리를 어지럽게 하며
자기의 새끼 위에 너풀거리며 그의 날개를 펴서 새끼를 받으며 그의 날개 위에
그것을 업는 것 같이"** 라고 했습니다. 하나님은 독수리가 새끼를 훈련시키
듯, 이스라엘을 훈련하셨고, 보호하시는 것입니다.

우리가 세상에서 살며 신앙생활을 해나가는 동안 때로는 우리의 보금자
리가 흔들릴 수 있습니다. 둥지에서 떨어지는 아픔과 고통이 있을 수도 있
습니다. 그러나 하나님은 언제나 우리와 함께 하시며, 눈동자와 같이 독수
리가 날개를 펴서 새끼를 받으시듯 보호하여 주십니다.

말씀을 생각하며

1. 오늘의 말씀의 요점을 간단히 요약해 봅시다.

_____

_____

_____

_____

2. 오늘 말씀에서 본 받아야 할 기도의 자세는 무엇입니까?

_____

_____

_____

_____

한 주간의 기도제목

나	
가정	
교회	

5월

사랑의 공동체

제18과
행복한 삶의 공동체

신명기 6:1-9
찬송 : 390, 391

"이스라엘아 들으라 우리 하나님 여호와는 오직 유일한 여호와시니 너는 마음을 다하고 뜻을 다하고 힘을 다하여 네 하나님 여호와를 사랑하라" (신 6:4-5)

가정의 달을 맞이하여 다시 한 번 우리 자신을 돌아보고, 행복한 가정 만들기에 전력을 기울여야 되겠습니다. 주님께서는 처음 이적을 가나의 혼인 잔치에서 행하셨습니다. 이것은 우리 주님께서 가정에 대해서 깊은 관심을 가지고 부족함이 없이 행복한 삶을 갖기를 간절히 바라고 계신다는 증거입니다. 그러면 우리 가정이 이루어지는 요소에 관해 하나님 말씀을 통해서 알아보고자 합니다.

1. 가정은 하나님 창조의 결정체입니다

하늘과 땅, 그리고 그 가운데 모든 것이 하나님 자신의 창조적 산물입니다. 태초에 하나님께서 세상을 창조 하실 때 모든 피조물은 말씀으로 창조했으나, 특별히 사람은 하나님이 손수 흙으로 빚으시고, 그 코에 생기를 불어넣는 특별 순서를 취하셨습니다(창 2:7). 그리고 그 사람을 가리켜 아담이라고 불렀습니다.

그 후 하나님은 아담이 독처하는 것이 좋지 못하다고 하였습니다. 그래서 아담을 깊이 잠들게 하시고 갈빗대 하나를 취하시고 그 자리는 살로 대신 채우셨습니다. 그리고 아담에게서 취한 갈빗대로 여자를 만드셨습니다. 그리고 하나님이 친히 그녀를 아담에게로 이끌어 오셨습니다. 아담은 하나님이 이끌어 주신 여자를 보고 **"이는 내 뼈 중의 뼈요, 살 중의 살"**이라고 하였습니다. 하나님은 이렇게 남자와 여자를 짝지어 둘이 한 몸을 이루는 연합의 신비를 이루도록 하였습니다(창 2:21-25). 그러므로 새로운 가정의 탄생은 하나님의 창조적 질서에 속합니다. 그러므로 가정은 하나님의 은총 가운데만이 행복의 공동체가 될 수 있고, 지상의 천국이 될 수 있으며, 낙원도 될 수 있는 곳입니다.

2. 경건한 자손의 산실이 되어야 합니다

말라기 2장 15절에, "그에게는 영이 충만하였으나 오직 하나를 만들지 아니하셨느냐 어찌하여 하나만 만드셨느냐 이는 경건한 자손을 얻고자 하심이라"고 하였습니다. 하나님이 창조하시고 설정하신 가정은 경건한 자손을 번식시키는 행복의 산실입니다. '경건한 자손'이란 '하나님을 섬기는 자손' 곧 신앙인의 자손이요, 구원 받은 성도를 말합니다.

경건한 자손은 바로 아담과 아벨, 셋과 노아, 모세와 다윗, 사가랴와 세례 요한으로 이어지는 거룩한 혈통의 아들을 말합니다. 아브라함의 영적 자손을 총칭하는 말입니다. 이런 의미에서 가정은 역사를 창조하고 계승하는 기관입니다.

그리스도인의 가정은 혈통을 뛰어넘은 아가페의 힘, 예수 그리스도의 무죄하신 보혈이 영적 가족공동체를 이루는 강력한 힘의 원천이 되고 있습니다. 그러므로 강건한 자손이 있는 가정에는 하나님 경외가 있고, 부모 공경이 있고, 부부 사랑이 있고, 형제 우애가 있습니다. 거기에는 사랑과 용서가 있고 감사와 찬송과 기도가 있습니다. 그리고 복음전파의 능력이 나타나는 가정입니다.

3. 가정은 경건한 삶의 교육적 도장이기도 합니다

신명기 6장 5절에, "너는 마음을 다하고 뜻을 다하고 힘을 다하여 네 하나님 여호와를 사랑하라"고 하였습니다. 하나님의 말씀을 손목에 메고, 기호를 삼고, 두 눈썹 사이(미간)에 붙여 표를 삼고, 또 집 문설주와 바깥문에 기록하고 가르치기를 계속 하라고 하였습니다. 경건한 자손은 경건한 부모의 가정교육의 열매입니다.

호레이스 부쉬넬(Horace Bushell)이라는 기독교육학자는, 사람은 자녀를 영적으로 갱신되는 가능성의 존재로 보면서, 자녀들의 영적 성장을 돕기 위해 다음과 같은 조건을 제시했습니다.

첫째, 부모들이 먼저 하나님을 사랑해야 한다(신 6:4-5).

유대인의 자녀교육의 장(場)인 쉐마의 첫 조건은 부모들이 신앙적 모범을 보일 것을 강조한다.

둘째, 말씀을 통하여 자녀에게 하나님을 소개해야 한다(신 6:6-7).

여호와를 아는 것이 지식의 근본이므로 자녀의 양육을 하나님의 말씀으로 해야 한다.

셋째, 가정의 분위기를 신앙적으로 이끌어야 한다(신 6:8-9).

분위기는 말 보다 더 큰 영향을 줌으로 부모의 애정과 보호는 자녀에게 하나님의 사랑과 보호를 깨닫게 하며 가족 간의 우의와 의미는 세계 인류는 한 형제라는 정신과 동족애를 갖도록 해준다.

그런데 유대인들이 자녀교육에 성공한 요소는 선민공동체, 가족공동체, 예배공동체라고 하는 것입니다. 즉 그것은 학교나 어떤 교육기관이나 교육제도를 통한 교육이 아니라, 생활 그 자체가 교육이 되고 특히 가정은 교육의 중심이었습니다.

오늘 우리의 가정들은 철저하게 주안에서 가르치고 배우며, 한 인간으로 기독교적 인생관, 가치관을 정립하고 가정공동체를 형성하여 미래를 여는 희망의 가정이 되어야 합니다. 우리의 가정 공동체를 구축하여 하나님의 동산을 이루어야 합니다.

말씀을 생각하며

1. 오늘의 말씀의 요점을 간단히 요약해 봅시다.

_____

_____

_____

_____

2. 오늘 말씀에서 본 받아야 할 기도의 자세는 무엇입니까?

_____

_____

_____

_____

한 주간의 기도제목

나	
가정	
교회	

제19과
어린아이와 천국

마태복음 18:1~4
찬송 : 565, 570

"예수께서 한 어린아이를 불러 그들 가운데 세우시고 이르시되 진실로 너희에게
이르노니 너희가 돌이켜 어린아이들과 같이 되지 아니하면 결단코 천국에
들어가지 못하리라 그러므로 누구든지 이 어린아이와 같이 자기를 낮추는 사람이
천국에서 큰 자니라." (마 18:2-4)

오늘 본문에 보면 제자들이 예수님께 나와서 **"천국에서는 누가 크니이
까"** 라고 물었습니다. 그때 예수님께서 한 어린아이를 불러다가 제자들 가
운데 세우시고 말씀하시기를 **"이르시되 진실로 너희에게 이르노니 너희가 돌
이켜 어린 아이들과 같이 되지 아니하면 결단코 천국에 들어가지 못하리라"** 고
하셨습니다. 어린이 주일을 맞이해서 우리들도 어린아이에게서 배워야 할
것이 있습니다.

1. 어린아이는 신뢰성이 강합니다

여러분! 어린아이가 자기 부모를 부인하거나 의심하는 것을 보았습니까?
부모가 매를 들고 초달해도 전혀 의심하지 않습니다. 절대 신뢰성을 가지고
있습니다. 마찬가지로 천국에 합당한 자는 하나님을 조금도 의심하지 않습
니다. 절대 신뢰합니다. 그리고 예수 그리스도를 나의 구주로 온전히 믿고
내 모든 생애를 그에게 맡깁니다.

이제 우리는 어린이 주일을 맞이하여 어린이들과 같이 하나님을 절대적
으로 신뢰하고, 하나님의 말씀대로 순종하며 사는 법을 배워야 할 것입니
다.

어린아이들은 부모님만 제일로 알고 의지합니다. 그러므로 그들에게는 염

려, 근심, 걱정이 없는 것입니다. 그저 부모님만 계시면 제일입니다. 어떤 것도 부러울 것이 없습니다. 이와 같이 우리들도 하나님만을 의지하고, 그를 즐거워하며, 범사에 만족하고 기뻐해야 할 것입니다.

2. 어린아이들은 진실합니다

아이들은 천진난만 합니다. 아이들에게는 거짓과 위선과 허세라고는 조금도 없습니다. 어린아이에게는 꾸밈이 없습니다. 속 다르고 겉 다르게 행동하지 않습니다. 있는 그대로 입니다. 사람에게 있어서 가장 위험한 죄는 거짓입니다. 거짓은 마귀의 아비라고 할 만큼 큰 죄입니다.

하나님께서는 '얼마나 잘 했느냐, 잘 못했느냐'를 묻지 아니하시고, 네가 얼마나 진실하냐고 물으십니다. 우리는 하나님 앞에 내 모습 그대로 나오기만 하면 됩니다. 그리고 사실대로 고백하기만 하면 됩니다.

요한일서 1장 8-10절에 보면 **"만일 우리가 죄가 없다고 말하면 스스로 속이고 또 진리가 우리 속에 있지 아니할 것이요 만일 우리가 우리 죄를 자백하면 그는 미쁘시고 의로우사 우리 죄를 사하시며 우리를 모든 불의에서 깨끗하게 하실 것이요 만일 우리가 범죄하지 아니하였다 하면 하나님을 거짓말 하는 이로 만드는 것이니 또한 그의 말씀이 우리 속에 있지 아니하니라"**고 하였습니다.

어린아이와 같이 진실한 성품이야 말로 천국에 합당한 성품인 것입니다. 우리들도 어린 아이들과 같이 진실한 마음을 가져야 합니다.

3. 어린아이들은 편견이 없습니다.

어린아이는 색안경을 싫어합니다. 그에게는 선입주견도 없습니다. 모두 좋아합니다. 그래서 어린이의 세계는 모두가 친구입니다. 그러므로 어린아이의 세계는 미움과 원수가 없는 것입니다. 싫어하는 사람도 없습니다. 내 마음에 맞다 안 맞다가 없습니다.

어린아이들에게는 아무리 형편이 어려워도 '못 살겠다 갈아보자'는 생각은 전혀 없는 것입니다. 어디 까지나 내 부모는 내 부모요, 내 형제는 내 형제입니다. 그래서 어린이들은 가난한 사람과도 친할 수 있고, 부한 사람들과도 친구가 될 수 있습니다.

이렇게 어린아이와 같이 편견이 없으면 천국에 합당한 성도가 될 수 있는 것입니다.

4. 어린아이들은 겸손합니다

교만은 자기 생각이나 자기 자신을 제일로 착각하는 것입니다. 성경은 이런 자를 가리켜서 '되지도 못하고 된 줄로 아는 자'라고 하였습니다. 이렇게 교만한 사람은 선생님의 말씀도 안 듣고, 부모님의 말씀도 안 듣고, 결국 하나님의 말씀까지 대적합니다.

잠언 16장 18절에 "교만은 패망의 선봉이요 거만한 마음은 넘어짐의 앞잡이니라" 고 하였고, **잠언 18장 12절에 "사람의 마음의 교만은 멸망의 선봉이요 겸손은 존귀의 길잡이니라"** 고 하였습니다.

그러나 겸손은 복되고 아름다운 것입니다. 하나님은 오늘도 겸손한자를 찾고 계십니다. 겸손한 자에게 은혜를 더하여 주십니다. 겸손한 자를 높여 주신다고 하였습니다. 하나님이 높여 주신 것은 그 어느 누구도 낮출 수가 없는 것입니다.

겸손한 자는 언제나 자신의 부족함을 깨닫기 때문에 항상 어떠한 것을 통해서든지 배우려는 자세를 가집니다. 겸손은 권면이나 책망을 달게 받습니다. 그러므로 겸손한 자만이 발전과 성장을 가져올 수가 있는 것입니다.

어린아이와 같이 하나님을 절대 신뢰하며, 모든 일에 진실하며, 잘 못된 편견을 버리고, 어린아이와 같이 겸손하여 천국에 합당한 성도들이 되기를 바랍니다.

말씀을 생각하며

1. 오늘의 말씀의 요점을 간단히 요약해 봅시다.

_____

_____

_____

_____

2. 오늘 말씀에서 본 받아야 할 기도의 자세는 무엇입니까?

_____

_____

_____

_____

한 주간의 기도제목

나	
가정	
교회	

제20과
모세의 어머니

출애굽기 2:1-10
찬송 : 576, 579

"바로의 딸이 그에게 이르되 이 아기를 데려다가 나를 위하여 젖을 먹이라 내가
그 삯을 주리라 여인이 아기를 데려다가 젖을 먹이더니, 그 아기가 자라매 바로의
딸에게로 데려가니 그가 그의 아들이 되니라 그가 그의 이름을 모세라 하여
이르되 이는 내가 그를 물에서 건져내었음이라 하였더라." (출 2:9-10)

오늘은 부모님주일입니다. 연로하신 부모님들과 그 가정위에 하나님의 위
로 와 평강이 넘치시기를 원합니다.

자식들은 부모에 대한 존경과 사랑이 변합니다. 그러나 부모는 변치 아니
하고 자식을 끝까지 사랑합니다. 어머니의 사랑은 하늘보다 높고, 바다 보
다 넓습니다. 이 사랑은 하나님의 사랑의 모형입니다. 그러므로 이 시간 어
머니의 사랑을 다시 한 번 생각하는 가운데 하나님의 사랑을 깨닫는 시간이
되기 바랍니다.

1. 어머니의 사랑은 모든 것을 아낌없이 주는 사랑입니다

부모님은 자녀들을 위한 사랑의 제물입니다. 한마디로 말하면 자식이란
존재는 부모의 피와 땀과 눈물로 자란 존재입니다. 참된 사랑은 받는 것이
아니라 주는 것임을 어머니의 사랑이 말해주고 있는 것입니다.

핏덩어리와 같은 어린것을 돌보시되 밤잠을 제대로 주무시지도 못하고
돌보아 주십니다. 혹시 자녀가 병이 나면 먹는지 굶는지도 알지 못하고 간
호해 주십니다. 좋은 음식 골라가며 먹이시고, 자식이 먹는 것을 보고 자신
이 배부른 것처럼 기뻐하십니다.

자식이 건강하게 자라는 것을 보고는 자신이 점점 쇠하여 가는 것을 잊

어버리고 그저 즐거워합니다. 자기를 위한 것이라면 한 푼도 아까워하지만 자녀를 위한 것이라면 아무것도 아까워하는 것이 없습니다. 부모는 자녀가 어떻게 되든지, 어떻게 대하든지 그대로 사랑합니다. 그저 최후에 남는 것까지 아낌없이 주시는 사랑입니다.

언제나 부족하게 생각하고, 더 주지 못해서 안타까워하는 것이 어머니의 사랑입니다. 자식을 위한 것이라면 자신의 몸이나 생명까지도 아까워하지 않는 희생적인 사랑입니다.

2. 어머니의 진정한 사랑은 자녀를 위한 기도입니다

우리를 사랑하는 사람이 많습니다. 그러나 가장 사랑하는 사람은 어머니입니다. 그런데 자녀들이 성년이 되어서 애인이 생기면 정신을 잃어버리는 것이 큰 문제 입니다. 서로 사랑하는 것이 잘못되었다는 것이 아닙니다. 정신을 차리라는 말입니다.

부모님의 사랑을 망각한 사랑은 진정한 사랑이 아닙니다. 마찬가지로 하나님의 사랑의 기초를 두지 않은 사랑은 어떤 사랑도 진정한 사랑이라고 할 수 없는 것입니다.

자녀에 대한 부모의 진정한 사랑은 하나님께 맡기고 기도하는 부모의 사랑입니다. 그리고 부모에 대한 자녀의 진정한 사랑은 부모의 사랑과 은혜를 기억하고 감사하는 자녀의 사랑입니다.

자녀를 위한 부모의 기도가 끊이지 않는 한 자녀는 망하는 법이 없습니다. 그러므로 기도하는 부모님이 계신다고 하는 것은 가장 큰 사랑이요, 가장 큰 복입니다.

모세가 하나님의 귀한 일군이요, 이스라엘의 위대한 지도자가 된 것은 그 배후에 어머니의 기도가 있었기 때문입니다. 사실 기도는 진액을 짜는 희생이 없이는 되지 않는 것입니다. 탕자 어거스틴이 변하여 성 어거스틴이 된 것도 바로 어머니 모니카의 눈물어린 간절한 기도가 있었기 때문입니다. 사무엘이 위대한 이스라엘의 지도자가 된 것도 그 배후에 어머니 한나의 기도가 있었기 때문입니다.

3. 어머니의 사랑은 하나님의 사랑을 알게 합니다

종교심리학자들의 말에 의하면 '부모님의 사랑은 하나님의 사랑을 깨닫게 하는 경험의 기초가 된다'고 하였습니다. 다시 말하면 부모님의 사랑을 받아본 경험이 없는 사람에게 하나님의 사랑에 대하여 설명한다 해도 잘 깨닫지 못한다는 뜻입니다.

우리는 어머니의 사랑을 통해서 하나님의 사랑을 배우게 됩니다. 어머니의 사랑은 희생적이요 무조건적입니다. 이 세상에서 하나님의 사랑을 가장 많이 닮은 사랑이 바로 어머니의 사랑입니다.

예수님은 세상에 계실 때 자기 백성들을 사랑하시되 십자가에 죽기까지 사랑하셨습니다. 자기를 팔아먹을 가룟 유다의 발도 씻어 주셨습니다. 모른다고 세 번이나 부인하고 저주까지 한 베드로의 발도 씻어 주셨습니다.

사람이 친구를 위하여 목숨을 버리면 이에서 더 큰 사랑이 없다고 하셨는데, 예수님은 죄인 된 우리를 위하여 십자가에 죽기까지 우리를 사랑하셨습니다.

뿐만 아니라 십자가 위에서도 못 박는 무지한 사람들을 위하여 '아버지여 저들이 하는 일을 알지 못해서 그러하나이다. 저들의 죄를 용서하여 주옵소서'라고 기도 하셨습니다. 어머니의 사랑도 이처럼 얼마든지 용서하시는 사랑입니다.

사랑하는 성도 여러분! 이번 부모님주일을 맞이해서 다시 한 번 부모님의 은혜를 생각하며, 효도의 마음을 새롭게 해서 위로 하나님의 은혜를 감사하며, 윗사람을 존경하며, 부모를 기쁘게 해드려 이 땅에서도 하나님의 약속하신 복을 받아 누리는 성도들이 되시기를 바랍니다.

말씀을 생각하며

1. 오늘의 말씀의 요점을 간단히 요약해 봅시다.

_____

_____

_____

_____

2. 오늘 말씀에서 본 받아야 할 기도의 자세는 무엇입니까?

_____

_____

_____

_____

한 주간의 기도제목

나	
가정	
교회	

제21과
행복한 가정 만들기

베드로전서 3:1-7
찬송 : 556, 559

"아내들아 이와 같이 자기 남편에게 순종하라 이는 혹 말씀을 순종하지 않는
자라도 말로 말미암지 않고 그 아내의 행실로 말미암아 구원을 받게 하려 함이니.
남편들아 이와 같이 지식을 따라 너희 아내와 동거하고 그를 더 연약한 그릇이요
또 생명의 은혜를 함께 이어받을 자로 알아 귀히 여기라 이는 너희 기도가 막히지
아니하게 하려 함이라." (벧전 3:1, 7)

가정은 하나님께서 만드신 인간 사회의 가장 기초 단위입니다. 그 때문에
사회의 뿌리가 가정이며, 가정이 무너지면 사회가 혼란해지고 무너져 버리
고 마는 것입니다. 행복한 가정은 행복한 부부 관계가 비로소 그 기초가 되
는 것입니다. 아내의 남편에 대한 의무와 남편의 아내에 대한 의무가 착실
히 실천될 때 가정은 행복해 질 수 있습니다.

1. 아내의 남편에 대한 의무

성경 에베소서 5장 22~24절에, "아내들이여 자기 남편에게 순종하기를 주
께 하듯하라 이는 남편이 아내의 머리 됨이 그리스도께서 교회의 머리 됨과 같
음이니 그가 바로 몸의 구주시니라 그러므로 교회가 그리스도에게 하듯 아내들
도 범사에 자기 남편에게 복종할지니라"고 말씀합니다.

아내의 남편에 대한 의무는 세월이 흘러가고, 아무리 남녀의 교육 수준이
향상되고, 남녀의 권리가 동등하다고 할지라도 가정에서만은 하나님이 만드
신 질서를 분명히 지켜야만 되는 것입니다.

하나님께서는 아내에게 먼저 행복한 가정 만들기를 위한 교훈을 하고 계십
니다. 이 말씀은 아내는 남편을 귀하게 생각하고 존경해야 된다는 말씀입니다.

또한 아내는 남편에게 복종할 의무가 있습니다. **베드로전서 3장 1~2절**에, **"아내들아 이와 같이 자기 남편에게 순종하라 이는 혹 말씀을 순종하지 않는 자라도 말로 말미암지 않고 그 아내의 행실로 말미암아 구원을 받게 하려 함이니 너희의 두려워하며 정결한 행실을 봄이라."**고 말씀하고 있습니다. 즉, 남편과 아내의 관계는 아내는 남편을 존경하고, 가정생활에서 남편을 머리 곧, 지도자로 삼고 복종하는 위치에 놓여 있는 것입니다.

그뿐 아니라 아내는 돕는 배필의 의무를 가지고 있습니다. 아내는 영적으로 돕는 배필이고, 정신적으로 남편을 위로하고 격려하며 용기를 주고 힘을 주어야 합니다. 남편들은 낙심을 잘합니다. 그래서 부인들이 돕는 배필로서 끊임없이 용기와 희망과 격려를 하여야 합니다.

2. 남편의 아내에 대한 의무

에베소서 5장 25절에, **"남편들아 아내 사랑하기를 그리스도께서 교회를 사랑하시고 그 교회를 위하여 자신을 주심 같이 하라."**고 하셨습니다. 이 말씀은 아내를 귀히 여기라는 명령입니다. 아내를 이용의 도구로만 생각하지 말아야 하는 것입니다. 아내는 이 세상에 살면서 자녀나 낳아 주고 집안 청소와 남편 뒷바라지나 해주는 도구라고 생각하면 절대로 안 된다는 것입니다. 아내는 하나님이 주신 귀한 존재로서 귀하게 대접하고 보호하라는 것입니다.

또한 아내를 사랑하여야 합니다. 성경에는 남편을 사랑하란 말은 없지만 아내를 사랑하라고 가르치고 있습니다. 사랑은 받는 것이 아니라 주는 것입니다. 그렇기 때문에 남편은 아내에게 관심을 기울여 주고, 사랑을 주어야 합니다. 그리스도께서 교회를 사랑하여 자신을 주심같이 아내를 사랑하여 안심하고 편안하게 살 수도 있도록 해주어야 합니다.

3. 부모의 자녀 양육지침

자녀는 개인의 소유가 아니라 하나님이 주신 기업입니다. 자녀 양육은 하나님이 주신 사업이기 때문에, 가정의 가장 큰 사업으로 생각해야 합니다. 나아가서 부모가 자식을 키우되 자기의 욕심을 성취하기 위한 도구로 삼아서는 안 됩니다. 자녀를 욕구충족의 대상으로 삼아서는 안 됩니다.

자녀들은 부모를 보고 배웁니다. 부모를 모델 삼아서 언어와 생각, 행동을 배우기 때문입니다. 그러므로 가정 예배와 성경 공부를 열심히 하고, 자녀로 하여금 하나님을 경외하고 주 안에서 화목하게 살도록 말씀으로 교육하여야 합니다.

그리고 자녀들은 부모하고 같이 있을 때 가지고 있던 아름다운 추억을 통해서 부모를 생각하고, 그 추억이 기초가 되어서 부모와의 영속적인 교통이 이루어지는 것입니다. 그러므로 자녀가 어릴 때 좋은 추억을 만들어 주어야 되는 것입니다.

그뿐 아니라 자녀들을 그들의 개성과 취미를 따라 달란트를 개발해 주어야 합니다. 자녀의 개성을 따라 재능을 개발해 주고, 그것을 통해서 하나님을 경외하는 삶을 살도록 가르치는 것이 가장 큰 행복입니다.

가정의 불행은 남편 탓이고 아내 탓이며, 자식 탓으로 돌리는 것이 아니라, 내 탓이라고 하는 태도를 가져야 합니다. 하나님의 말씀에 비추어보아 자기 자신이 어떠한 것을 고쳐야 할 것을 생각하고, 서로가 이해하며 돌보아 행복한 가정을 만드는데 최선을 다해야 합니다.

말씀을 생각하며

1. 오늘의 말씀의 요점을 간단히 요약해 봅시다.

_____

_____

_____

_____

2. 오늘 말씀에서 본 받아야 할 기도의 자세는 무엇입니까?

_____

_____

_____

_____

나	
가정	
교회	

제22과
힘써 여호와를 알자

호세아 6:1-6
찬송 : 613

"그러므로 우리가 여호와를 알자 힘써 여호와를 알자 그의 나타나심은 새벽 빛
같이 어김없나니 비와 같이, 땅을 적시는 늦은 비와 같이
우리에게 임하시리라 하나라" (호 6:3)

오늘 말씀에는 중요한 선언이 있습니다. **"이 백성이 지식이 없음으로 망하는 도다"** 라는 말씀입니다. 모르기 때문에 망한다는 것입니다. **전도서**에서는 **"지혜가 많으면 번뇌도 많으니 지식을 더하는 자는 근심을 더하느니라"** 하였습니다. 사람이 자기 자신을 잘 알기 우해서는 하나님을 알아야 하고, 이런 의미에서 하나님은 우리들이 알아도 되고 몰라도 되는 그런 분이 아니라 꼭 알아야 하는 분이시라는 말씀입니다.

1. 하나님을 두려운 하나님이라는 것을 알아야 합니다.

하나님은 죄인을 심판하시는 분이십니다. 때리시고 찢으시는 하나님이십니다. 불의하고 가증한 자의 제사를 싫어하시고 외식하는 자의 예배를 물리치시는 하나님이십니다.

하나님의 공의는 단순한 법이 아닙니다. 하나님의 공의는 정적인 것이 아니라 동적인 것입니다. 기다려서 잡히면 처벌하시는 피동적이며 수동적인 법이 아니라 잘못한 사람을 찾아 경고하시고, 엄격히 벌을 내리시는 법입니다. 하나님께서는 죄인의 생활에 직접 관여하시고, 불의를 책망하시며 심판을 하시기 전에 미리 경고하여 죄인이 스스로 죄를 회개하고 돌아오도록 기회를 주십니다.

이사야 44장 22절에, "내가 네 허물을 빽빽한 구름 같이, 네 죄를 안개 같이 없이하였으니 너는 내게로 돌아오라 내가 너를 구속하였음이니라."

불의에 대한 하나님의 진노야 말로 하나님이 살아 계시고 정의의 하나님이심을 증명하는 것입니다. 모든 사람은 죄인입니다. 그러므로 팔짱을 끼고 인간의 모든 일을 방관하시고 계신 하나님이 아닌 역사 속에 우리들을 간섭하시고 죄인을 심판하시는 하나님을 두려워할 줄 알아야 합니다.

2. 사랑의 하나님이심을 알아야 합니다

물론 사람들은 하나님이 사랑의 하나님이시라는 것쯤은 다 압니다. 그러나 사람들이 하나님을 아는 것은 대체적으로 철학적입니다. 지식에서 벗어나지 못하는 인식입니다. 하나님의 사랑은 구체적이요, 행동적이시기 때문에 하나님의 사랑도 그렇게 구체적으로, 행동적으로 알아야 합니다.

성도들 가운데도 하나님이 우리를 사랑하신다고 믿지만 하나님의 사랑을 구체적으로 체험하며 사는 사람은 많지 않습니다.

종교 개혁자 루터는 "하나님을 아버지라 말고 어머니라고 하자"고 했습니다. 그는 어려서 술주정뱅이요 난폭한 아버지에게 많은 학대를 받고 자랐기 때문에, 하나님을 아버지라 부르는 것은 사랑의 하나님을 잘 표현하지 못한다고 생각한 것입니다.

성경은 하나님의 사랑이 현실적이고 적극적인 사랑이기 때문에 아버지의 사랑이라고 말합니다. 그 뜻은 생명의 근본이라는 말이고, 가치의 근본이라는 뜻도 있으나 가장 큰 뜻은 하나님의 진노적인 의로운 사랑을 말씀하시는 것입니다. 즉 잘못한 자를 벌주시되 잘못한 본인은 용서하시고 대신 예수님을 징계하시는 그런 사랑을 말합니다. 그래서 죄인이 하나님에게 벌을 받으면서도 하나님의 사랑을 체험할 수 있는 것입니다.

"오라 우리가 여호와께로 돌아가자 여호와께서 우리를 찢으셨으나 도로 낫

게 하실 것이요 우리를 치셨으나 싸매어 주실 것임이라. 여호와께서 이틀 후에 우리를 살리시며 셋째 날에 우리를 일으키시리니 우리가 그의 앞에서 살리라" (호 6:1-2)

3. 하나님은 우리들을 복 주시는 분임을 알아야 합니다

하나님의 은총을 선지자는 **"그러므로 우리가 여호와를 알자 힘써 여호와를 알자 그의 나타나심은 새벽 빛 같이 어김없나니 비와 같이, 땅을 적시는 늦은 비와 같이 우리에게 임하시리라 하니라"** (호 6:3)라고 말씀하셨습니다.

여기서 비와 같다는 말씀은 내가 계획하는 일들이 즉시 마음먹은 대로 잘되는 것을 말합니다. 늦은 비라는 것은 내가 원하는 시간에 되는 일이 아니지만 기다리니 되어지는 하나님의 은총을 말합니다. 우리가 바라는 것들에 대한 기회가 다 끝이 났다고 우리 스스로 포기해 버렸을 때 하나님은 우리들의 모든 일들이 합력하여 선이 되도록 역사하신다는 말씀입니다.

우리는 이 늦은 비의 은총을 인내로 기다릴 줄 아는 사람이 되어야 합니다. 진실로 하나님을 알고 있다면 내 뜻대로 되는 일보다 하나님의 뜻대로 되는 일들을 더 소중히 생각해야 할 것입니다. 우리가 이런 하나님의 은총을 안다면 세상살이에 우리들의 마음대로 되지 않는 일이 있다고 해서 비관하거나 낙심할 일이 전혀 없을 것입니다.

우리가 여호와를 잘 아는 것이 가장 행복한 일입니다. 우리의 근본적이 문제는 여호와 하나님을 잘 알지 못하는데서 생기는 것들입니다. 여호와를 아는 지식이 없어 망하는 것입니다. 힘써 여호와를 압시다. 그리고 하나님의 자녀로써 복을 누리며 삽시다.

말씀을 생각하며

1. 오늘의 말씀의 요점을 간단히 요약해 봅시다.

_____

_____

_____

_____

2. 오늘 말씀에서 본 받아야 할 기도의 자세는 무엇입니까?

_____

_____

_____

_____

한 주간의 기도제목

나	
가정	
교회	

6월
신앙인의 애국

제23과
기독교인의 애국방법

로마서 9:1-3

찬송 : 580

"내가 그리스도 안에서 참말을 하고 거짓말을 아니하노라 나에게 큰 근심이 있는
것과 마음에 그치지 않는 고통이 있는 것을 내 양심이 성령 안에서 나와 더불어
증언하노니, 나의 형제 곧 골육의 친척을 위하여 내 자신이 저주를 받아
그리스도에게서 끊어질지라도 원하는 바로라" (롬 9:1-3)

우리 기독교인은 천국시민이라는 믿음과 세상을 분토 같이 여기는 생각
때문에, 자신이 살고 있는 세상 나라에 대해서 무관심하기가 쉽습니다. 그
러나 성경적으로 보면 위대한 신앙의 사람들은 다 자기 조국을 사랑하고 봉
사한 애국자였음을 발견할 수 있습니다.

그러면 우리 기독교인들은 어떻게 애국해야 하는가? 그 방법이 무엇일까
를 생각해 보고자 합니다.

1. 애국의 방법은 국가에 대한 의무를 다하는 것입니다

마가복음 12장에 보면, 예수님을 책잡으려는 자들이 당시 로마 황제 가이
사에게 세금을 바쳐야 되느냐, 마느냐에 대해서 질문하는 말이 나옵니다.
하나님의 백성으로서 하나님께만 바치면 되지, 자기 나라를 식민지로 만든
로마에게 무슨 세금을 낼 필요가 있느냐는 식의 질문이었습니다. 깊은 함정
이 있는 질문이었습니다.

만일 내지 말라고 하면 로마 황제에게 반역한다고 하면서 고발할 것이요,
바치라고 하면 비애국자라고 책잡을 것입니다. 이 때 예수님께서는 **"가이
사의 것은 가이사에게, 하나님의 것은 하나님께 바치라"**고 하셨습니다.

내 나라, 내 정부가 어느 때는 내 마음에 안 들 때가 있습니다. 그러한 때라도 국민으로서 의무를 다하는 것이 기독교인의 마땅한 본분입니다. 어느 의미에서는 불신자들보다 병역의 의무, 납세의 의무, 교육의 의무를 다해야 합니다.

로마서 13장 7절에, **"모든 자에게 줄 것을 주되 조세를 받을 자에게 조세를 바치고 관세 받을 자에게 관세를 바치고 두려워할 자를 두려워하며 존경할 자를 존경하라"**고 했습니다. 다시 말하면 내가 사는 내 나라에 대해서 해야 할 의무를 다하라는 말씀입니다. 왜냐하면, 세상의 모든 권세도 하나님이 세우신 것이기 때문입니다.

2. 애국의 방법은 의로운 생활을 하는 것입니다

잠언 14장 34절에, **"공의는 나라를 영화롭게 하고 죄는 백성을 욕되게 하느니라"**고 했습니다. 의롭게 사는 백성이 많으면 그 나라는 영화롭게 되고 복 받는 나라가 되는 것입니다.

소돔과 고모라가 의인 10명이 없어서 유황불에 불타고 말았습니다. 음란하고 패역한 도시 폼페이는 화산이 터져서 잿더미가 되고 말았습니다. 그러므로 하나님이 찾으시는 것은 의로운 자입니다.

예레미야 5장 1절에, **"너희는 예루살렘 거리로 빨리 다니며 그 넓은 거리에서 찾아보고 알라 너희가 만일 정의를 행하며 진리를 구하는 자를 한 사람이라도 찾으면 내가 이 성을 용서하리라"**고 했습니다.

이 말씀은 예루살렘에 공의를 행하고 의롭게 사는 사람이 단 한 명도 없기 때문에 하나님께서 그 백성을 진멸하시겠다는 말씀입니다. 우리 신자들이 의롭게 사는 것을 하나님이 기뻐하실 뿐 아니라 우리 가정, 우리 도시, 우리나라까지도 복되게 만드는 것이니 얼마나 큰 애국적인 일입니까.

하나님을 잘 섬기고 의롭게 사는 것의 결과는 다른 것입니다. 그러므로 우리 기독교인들은 누가 보든지 말든지 자기 자리를 지키면서 빛과 소금으로 살아야 합니다.

의롭게 진리대로 사는 것도 애국하는 길입니다. 우리 각자는 더욱 하나님 앞에 빛과 소금으로 바르게 살기를 원합니다. 그 때 우리 가정, 우리 도시, 우리나라를 하나님이 강하게 복을 주실 줄 믿으시기를 간절히 바랍니다.

3. 애국하는 방법은 나라와 민족을 사랑하는 것입니다

어떤 사람은 모 정권이 보기 싫어서 미국으로 이민을 간 다음에 한국을 향해서 오줌도 안 눴다고 하는 이야기를 들은 적이 있었습니다. 언뜻 들으면 대단한 사람처럼 보이지만 졸장부일 뿐입니다.

우리가 나라와 민족을 사랑하고 안 하는 것을 어느 정권 때문에 좌우되어서는 안 됩니다. 때로 우리 부모님에게서 실망을 느낄 때가 있을 때라도 우리의 부모님이기에 사랑해야 되는 것처럼, 때로 우리나라 백성들이나 정치가들이 너무나 한심한 것같이 보일지라도 하나님이 우리에게 맡기신 나라요, 백성이기에 끝까지 사랑하고 책임을 지는 것이 옳은 신자의 모습입니다.

덴마크가 전쟁에 패한 후, 경제가 피폐하여 걸인이 거리에 쓰레기처럼 뒹굴고, 여자들이 매춘부가 되어 거리를 헤맬 정도로 도덕이 땅에 떨어질 정도가 되었을 때에 그룬트비히 목사님은 애국운동과 신앙운동을 일으켰습니다.

그는 세 가지 사랑운동을 일으켰는데, 곧 "① 땅을 사랑하자 ② 국민을 사랑하자 ③ 하나님을 사랑하자"고 했습니다. 처음에는 이 운동이 미약했으나 점점 많은 사람들의 호응을 받아 오늘의 덴마크의 부강(富强)을 가져오게 되었던 것입니다.

우리도 우리의 조국을 사랑하되 세 가지로 사랑을 나타내야 합니다.

말씀을 생각하며

1. 오늘의 말씀의 요점을 간단히 요약해 봅시다.

_____

_____

_____

_____

2. 오늘 말씀에서 본 받아야 할 기도의 자세는 무엇입니까?

_____

_____

_____

_____

한 주간의 기도제목

나	
가정	
교회	

제24과
나라를 위한 마음

느헤미야 1:1-10
찬송 : 505, 506

"이제 종이 주의 종들인 이스라엘 자손을 위하여 주야로 기도하오며 우리
이스라엘 자손이 주께 범죄한 죄들을 자복하오니 주는 귀를 기울이시며 눈을
여시사 종의 기도를 들으시옵소서 나와 내 아버지의 집이 범죄하여 주를 향하여
크게 악을 행하여 주께서 주의 종 모세에게 명령하신 계명과 율례와 규례를
지키지 아니하였나이다"
(느 1:6-7)

　가정이 없는 가족이 없고, 교회가 없는 그리스도인들이 있을 수 없습니
다. 마찬가지로 나라가 없는 백성은 있을 수 없습니다. 우리 그리스도인들
은 누구보다 분명하고 확고한 국가관을 가지고 있어야 합니다. 왜냐하면 국
가가 없는 그리스도인들은 그 신앙을 유지할 수 없기 때문이요 국가가 없는
민족은 존재할 수 없기 때문입니다. 이것이 우리 그리스도인이 나라를 지키
고 사랑해야 하는 분명한 이유입니다.

1. 조국을 위한 눈물을 흘려야 합니다

　애국이란 먼저 마음으로 조국을 사랑하는 것이요, 그 심정은 눈물로 표현
되는 것입니다. 느헤미야는 조국의 참상을 들었을 때 가슴이 메어지도록 울
었습니다. 그의 눈물은 민족 전체와 조국을 위한 눈물이었습니다. 눈물의
예언자인 예레미야도, 예수님도 조국과 민족을 위해 통곡했습니다(눅 13:3
4). 예수 그리스도의 눈물이야말로 진정한 심정에서 자기 백성의 멸망을 보
시고 견딜 수 없는 비통의 눈물이요, 사랑의 눈물을 흘리신 것입니다. 사랑
하는 성도여러분, 예수 그리스도의 참된 눈물의 심정으로 우리 자신도 내
민족과 나라가 여러 위기와 난관에 봉착할 때, 나라와 지도자들을 원망하지

말고, 누구의 탓으로 돌리지 말고 그리스도의 반열에 서서 민족을 구원하기 위한 눈물이 우리의 가슴에서도 흘러 넘쳐야겠습니다. 그리스도인이라면 조국을 위해서 눈물을 흘려야 할 것입니다.

2. 조국을 위해 기도해야 합니다

느헤미야 1장에 의하면 기도한다는 말이 여러 번 반복되어 있습니다. 그 외에도 '간구하옵나니', '구하옵나니', '들어 주시옵소서' 하는 말이 계속 반복되어 있는 것을 읽게 됩니다. 느헤미야는 특별히 주야로 금식하며 기도했습니다. 첫째로는 이스라엘 백성들의 죄를 참회하면서 기도했습니다. 하나님 앞에 이스라엘 백성들이 바로 서지 못하고 거짓되고 진실 되지 못하게 살아온 죄, 하나 되지 못한 죄를 통회 자복해야 할 것입니다. 둘째로 느헤미야는 하나님 앞에 사랑과 용서와 자비를 구하면서 기도했습니다. 한 국가의 운명과 미래는 우리 인간의 손에 달려 있는 것이 아니라 역사를 주관하시고 지배하시는 하나님의 장중에 달려 있는 것입니다. 느헤미야는 기도 할 때에 "나와 나의 집이 범죄 하였습니다. 우리도 다 같이 심히 악한 일을 하였습니다. 우리는 다 범죄 하였습니다. 우리는 다 계명과 율례와 규례를 지키지 못하였습니다. 이 죄를 자복합니다."라는 회개와 참회와 자복의 기도를 드렸습니다. 그리스도인은 조국을 위하여 기도하여야 합니다. 기도는 전능하신 하나님의 능력이 나타나는 통로입니다. 진실로 기독교인의 애국은 기도하는 일입니다.

3. 조국을 위하여 봉사해야 합니다

느헤미야는 조국 예루살렘을 위하여 울고 금식하며 기도하는 것으로 끝내지 아니하고 그 성을 재건하는 일에 앞장을 섰습니다. 그는 이스라엘 자손을 흥왕케 하려는 사람이었다는 소리를 들었습니다. 오늘 우리에게도 느헤미야와 같은 애국자가 절실히 필요합니다.

남강 이승훈 선생이 독립 운동을 하다가 체포되어 검사 앞에 섰을 때 "누가 독립운동을 시켰나?" 하는 질문에 "누가 시키기는 누가 시켰나? 하나님이 시켰지"라고 대답했다는 것입니다. 애국은 하나님의 뜻입니다. 김구 선생님은 이런 말을 하였습니다. "할 일을 찾는 백성은 흥하고 원망 할 것을 찾는 백성은 망하게 된다." 라고 말입니다. 또 "나는 감옥에서 뜻을 품고 유리창을 닦을 때마다 하나님께 빌었다. 우리나라가 독립하여 정부가 생기거든 그 집의 유리창을 닦는 일을 해 보고 죽게 하소서 라고 기도하였노라"고 하였습니다.

지금 우리 교회는 우리 국민들에게 무엇을 이야기 하며 무엇을 줄 수 있는가 심사숙고 하여야 할 때입니다. 그들에게 진실과 희망과 믿음을 줄 수 있도록 세상의 소금이 되고, 어두운 사회를 밝게 비추는 빛이 되어야겠습니다. 그리스도의 정신으로 서로 사랑하는 민족이 되기를 기도해야 합니다.

4. 영적인 파수군의 사명을 감당하여야 합니다

우리가 나라를 사랑하고 애국하는 길은 나라가 온갖 죄와 부패로 타락해 가는 것을 막아야 하고 그것을 정화시키고 나아가 의로운 삶을 사는 의로운 백성이 되도록 영적인 파수군의 사명을 감당하고 그 일을 실현시켜 나아가는 사람들이 되어야 합니다.

그리스도인들이 바르고 진실하지 못하면 그 나라는 바로서지 못합니다. 그리스도인들이 사명을 바로 감당하지 못하면 나라는 부패하고 타락합니다. 그러므로 그 나라가 하나님을 믿는 나라가 되는 것도 중요하지만 그 나라에 사는 그리스도인들이 얼마나 바로 살고 그 시대 사람들을 바르게 이끌어 가느냐에 따라서 나라의 흥망성쇠 또한 결정되어 진다는 사실입니다.

죄로 인하여 나라가 부패하고 사회가 타락하고 온갖 추한 일이 일어나는 것은 자연적인 현상입니다. 이러한 죄악을 없애고, 부패한 사회가 되지 않도록 바른 사회, 아름다운 사회와 견고한 나라가 되기를 기도해야 합니다.

말씀을 생각하며

1. 오늘의 말씀의 요점을 간단히 요약해 봅시다.

_____
_____
_____
_____

2. 오늘 말씀에서 본 받아야 할 기도의 자세는 무엇입니까?

_____
_____
_____
_____

한 주간의 기도제목

나	
가정	
교회	

제25과
신앙인의 진정한 애국

디모데전서 2:1-4
찬송 : 521, 507

"그러므로 내가 첫째로 권하노니 모든 사람을 위하여 간구와 기도와 도고와
감사를 하되 임금들과 높은 지위에 있는 모든 사람을 위하여 하라 이는 우리가
모든 경건과 단정함으로 고요하고 평안한 생활을 하려 함이라"(딤전 2:1-2)

우리나라는 6월을 맞이하게 되면 제일 먼저 6.25와 현충일을 생각하게
됩니다. 현충일은 다른 국경일과는 달리 국기를 달 때에도 조기를 달아 슬
픔을 표하고 국가를 위하여 희생한 순국선열들을 생각하게 됩니다. 그런 면
에서 오늘은 신앙인의 진정한 애국이 무엇인가를 함께 생각하면서 말씀을
통하여 교훈과 은혜가 되시기 바랍니다.

1. 진정한 애국은 나라를 위하여 기도하는 일입니다

본문 1-2절에 "그러므로 내가 첫째로 권하노니 모든 사람을 위하여 간구와
기도와 도고와 감사를 하되 임금들과 높은 지위에 있는 모든 사람을 위하여 하
라. 이는 우리가 모든 경건과 단정함으로 고요하고 평안한 생활을 하려 함이
라"고 했습니다. 성도가 애국하는 첫 번째 요소는 나라를 위하여 기도하는
일입니다.

기도란 인류 역사의 주권자이신 하나님의 팔을 움직이는 것이며 나라를
위기에서 구출하는 강력한 힘입니다. 사무엘은 한 민족의 영적 지도자로서
나라를 위하여 기도하기를 쉬는 죄를 결단코 범치 않겠다고 했습니다(삼상
12:33). 통치자가 평안한 중에 나라를 다스릴 때 국가가 안정되고 국가가
안정됐을 때 국민도 평안한 생활을 할 수 있습니다. 그래서 우리는 지도자

들과 국민을 위하여 기도해야 합니다. 또한 지도자 역시 국민을 위하여 기도하는 지도자가 되어야 합니다. 미국의 초대 대통령을 지낸 워싱턴은 재임 기간 중 매일 밤 9시가 되면 꼭 그의 서재로 들어가 기도했다고 합니다. 기도하는 국민은 결코 망하지 않습니다. 기도하는 국민은 반드시 흥합니다.

우리는 민족 복음화와 국가의 번영 그리고 남북통일을 위하여 기도로 애국하는 성도들이 되시기 바랍니다.

2. 진정한 애국은 민족을 복음화 시키는 일입니다

본문 **4절**에 **"하나님은 모든 사람이 구원을 받으며 진리를 아는 데에 이르기를 원하시느니라"** 고 했습니다. 하나님의 소원이 모든 사람이 구원받기를 원하시는 것이라면 하나님을 믿는 우리의 소원도 민족을 복음화 시키는 일이어야 합니다.

우리는 이 민족을 복음의 기초 위에 세워야 합니다. 그래서 먼저 사람들의 영혼을 구원시켜야 하고 도덕적으로 무장시켜 정의사회를 구현해야 합니다. 이 일을 위해서는 무엇보다도 전도에 주력해야 합니다.

이스라엘이 왜 망했습니까? 하나님을 섬겨야 할 사람들이 하나님을 섬기지 아니하고 우상을 섬겼기 때문입니다. 하나님께로 돌아와야 할 사람들이 하나님을 떠나서 온갖 죄악과 타락에 빠졌기 때문입니다. 우리나라가 이 어려운 난국에서 살아날 수 있고, 하나님이 우리나라를 축복하시고자 하시는 그 섭리를 받아드리려면 이 나라가 하나님을 믿는 나라가 되어야 하고, 이 민족이 하나님을 섬기는 백성이 되어야 합니다. 이 일을 누가 해야 합니까? 바로 먼저 부름을 받은 우리들이 해야 할 일입니다. 이것이 나라를 사랑하고 이것이 바로 하나님을 섬기는 우리 모두의 사명입니다.

형제 곧 골육 친척의 구원을 위해서는 자기가 저주를 받아 그리스도에게서 끊어질지라도 원하는 바라고 했습니다. 그는 결코 자기 혼자만의 구원으로 만족할 수 없었고, 어떤 방법으로든 자기 민족의 구원을 소원했습니다. 우리도 민족 복음화로 애국하는 성도가 되시기 바랍니다.

3. 진정한 애국은 자기 생업에 최선을 다하는 일입니다

데살로니가후서 3장 8절에서 사도 바울은 **"누구에게서든지 음식을 값없이 먹지 않고 오직 수고하고 애써 주야로 일을 했다"** 고 했습니다. 국력은 군사력만 강하다고 되는 것이 아닙니다. 지식과 기술도 뛰어나야 하고 도덕적으로 정신적인 무장도 되어 있어야 하며 특별히 경제적으로 튼튼해야 합니다. 사람들은 흔히 애국하면 일제 치하에서 경찰의 고문을 받고 쓰러지는 장면을 상상하지만 무엇보다도 자기 생업에 최선을 다하는 것이 애국하는 길입니다. 대통령도 국회의원도 최선을 다하고 공무원도 사업가도 최선을 다하며, 농부도 어부도 최선을 다하고, 학생도 가정주부도 최선을 다해야 합니다. 특히 우리 신앙인들은 신앙생활에 최선을 다해야 합니다(**신 6:5, 마 22:37**). 그때 하나님께는 영광이요 국가는 부강해지고 성도는 복된 사람이 될 줄로 믿습니다.

우리는 다시 과거처럼 비참하게 나라를 **빼앗기는** 일이 있어서는 안 될 것입니다. 또다시 신앙의 환난을 당해서도 안 될 것입니다. 그러기 위해서 우리 믿음의 사람들이 먼저 깨우쳐야 합니다. 나라와 민족의 장래를 위하여 기도하는 그리스도인들이 되어야 합니다. 죄악과 타락으로 하나님이 진노를 유발시키는 이 민족을 일깨우고 우리가 이 사회와 나라를 개혁해 가는 소금과 빛의 삶을 살아가야 할 것입니다. 나아가 이 민족을 복음화 시켜 진정 하나님이 복 주시는 우리 대한민국을 만들어 내가 잘 살고 우리 후손들에게 좋은 나라를 물려주어야 할 것입니다.

말씀을 생각하며

1. 오늘의 말씀의 요점을 간단히 요약해 봅시다.

_____

_____

_____

_____

2. 오늘 말씀에서 본 받아야 할 기도의 자세는 무엇입니까?

_____

_____

_____

_____

한 주간의 기도제목

나	
가정	
교회	

제26과
신앙인의 애국정신

예레미야 31:31-34
찬송 : 208, 209

"그러나 그 날 후에 내가 이스라엘 집과 맺을 언약은 이러하니 곧 내가 나의
법을 그들의 속에 두며 그들의 마음에 기록하여 나는 그들의 하나님이 되고
그들은 내 백성이 될 것이라 여호와의 말씀이니라" (렘 31:33)

3·1 운동과 한국교회는 밀접한 관계가 있습니다. 물론 3·1 운동은 일본
제국주의의 포악한 무단통치에 대항하여 폭발한 한 민족의 거족적인 항일독
립운동이었습니다. 그러나 그 준비과정이나 운동 진행과정에서 기독교의 역
할이 매우 컸다는 것은 부인할 수 없습니다. 3·1 운동은 우리 민족 역사에
서 영원토록 잊히지 않을 애국정신의 발로의 날이었습니다.

1. 기독교의 애국은 신앙적 표현이어야 합니다

기독교인의 나라 사랑은 세상 사람들의 정치운동과 다르다는 것입니다.
'진정한 신앙인은 진정한 애국자'라는 말이 있듯이 신앙인의 애국은 하나님
과 연결되어 있습니다. 즉 하나님 나라와 연결되어 있다는 말입니다.

세상 사람들의 구호처럼 정치를 위한 애국이 아니라 하나님의 나라를 실
현하려는 신앙적 표현입니다. 그러므로 이 신앙적 표현이 애국운동으로 나
타날 때, 왕왕 현실의 정권과 충돌이 있게 됩니다. 즉 신앙인의 애국운동은
정권(政權)을 위한 것도 아니고, 출세와 권세를 누리려는 것도 아닌, 하나님
나라의 의와 정의가 지배할 수 있는 나라를 목적으로 하는 것입니다. 이것
이 이스라엘 민족의 역사 속에 잘 드러나 있음을 보게 됩니다.

구약에 나타난 선지자들의 애국 운동은 단순히 개인의 영혼구원 뿐만 아
니라 땅과 영토와 사회 전체가 구원의 대상이었습니다. 이스라엘 민족의 출

애굽 사건은 단순한 정치적 사건이 아니고 하나님의 구원역사였습니다. 애굽이라는 불의한 세력 하에서 박해를 당하고 신음하는 택하신 백성들을 구출해내려는 하나님의 능력의 역사였습니다. 그것을 전달하고 그것을 고취시킨 것이 선지자들의 애국운동이었습니다.

2. 기독교의 애국은 공동체를 형성해 나감에 있습니다

그리스도인의 애국은 단순히 자기 땅을 지키려는 국가 지상주의적인 이기주의에 바탕을 두지 않고 우주적인 신앙적 발로에서 우러난 애국운동입니다. 다시 말하면 세상 사람들의 애국은 자신의 이해관계에서 행동합니다. 그러기에 그러한 운동은 정치 집단이지 그리스도의 몸으로서의 공동체는 아닌 것입니다.

그리스도인의 애국운동은 민족 공동체로서의 하늘나라 시민운동이란 말입니다. 그러므로 지극히 순수해야 합니다. 자신의 출세 영달이 아닌 모든 사람의 이익을 위한 것이라야 합니다.

세상의 정치가들이 말하는 애국은 정권욕에 있지만, 그리스도인의 애국은 하나님의 정의를 위한 공동체 형성에 있습니다. 즉 하나님의 나라가 이 땅위에 실현되도록 함에 있습니다. 그래서 뜻이 하늘에서 이룬 것 같이 땅에서도 이루어지도록 함에 있습니다.

세상의 관헌들의 애국은 집단적 이기주의와 자파(自派)세력의 확대에 있지만, 기독교의 애국은 나의 주장과 나의 생각 대신 하나님의 뜻이 무엇인가를 항상 묻는 가운데서 자기 갱신과 자기 개혁에 바탕을 두고 있습니다. 그러므로 그리스도인의 애국은 소금과 빛으로 자기를 내어주는 희생일 뿐입니다.

소금이 필요한 것은 맛을 내기 위함이요, 소금이 있어야 할 이유는 부패가 생겨지기 전에 미리 예방하기 위해서입니다. 또한 빛이 필요한 것은 어둠이 있기에 불의가 있는 곳에서 자신을 태우는 빛이 되어야 한다는 말입니다. 이것이 그리스도인의 나라사랑입니다. 그것이 바로 예수 그리스도의 가르침이었습니다. 그러므로 기독교의 애국은 하나님 나라의 공동체를 형성해 나가려는 데 있습니다.

3. 기독교의 애국은 언제나 말씀에 기초한 것이어야 합니다

신앙의 대상인 하나님은 비인격적인 관념이나 사상이나 이념이나 철학이 아니라 우리와 호흡을 함께 하는 역사적 인격의 하나님입니다. 그 인격의 하나님은 언제나 말씀으로 우리에게 임합니다.

그 말씀은 언제나 옳고 진리요 정의입니다. 그러므로 말씀은 모든 책망과 바르게 함과 의로 교육함에 기초가 됩니다. 기독교의 애국은 어느 정치적 지도자 한 사람의 명령이나 지시대로 움직일 수 없습니다. 그리고 집단 이익을 추구함에 있어서 다수결에 따를 수도 없습니다. 하나님의 말씀대로 응답하는 양심의 행위일 뿐입니다.

양심을 지배할 수 있는 권력이나 제도나 사람은 없습니다. 양심의 주재는 오직 하나님뿐입니다. 하나님의 말씀만이 우리의 양심적 행동에 기초가 될 것뿐입니다. 기도한다는 것은 하나님 편에 선다는 의미입니다. 하나님 편에 선다는 것은 곧 정의 편에 선다는 의미입니다. 이것이 죄로부터의 구원입니다. 그것이 이 세상으로부터의 구원입니다. 그것이 하나님 없는 폭력과 인권유린에서부터의 해방을 의미합니다. 바로 그것을 실현하는 것이 구원이요 애국운동입니다.

기독교인의 나라 사랑은 말씀에 기초한 정의실현에 있습니다. 우리의 이런 신앙적 표현이 애국운동으로 이어져야 합니다. 우리 모두 나라를 사랑하는 마음을 가지고 하나님의 말씀 앞에 다시 자신들을 되돌아보는 계기가 되어야 합니다. 하나님의 뜻이 이루어지는 나라가 되도록 힘쓰는 성도들이 다 되시기를 간절히 바랍니다.

말씀을 생각하며

1. 오늘의 말씀의 요점을 간단히 요약해 봅시다.

_____

_____

_____

_____

2. 오늘 말씀에서 본 받아야 할 기도의 자세는 무엇입니까?

_____

_____

_____

_____

한 주간의 기도제목

나	
가정	
교회	

7월
성숙한 신앙

제27과
믿음으로 사는 사람

사도행전 16:26-34
찬송 : 344, 357

"간수가 등불을 달라고 하며 뛰어 들어가 무서워 떨며 바울과 실라 앞에
엎드리고, 그들을 데리고 나가 이르되 선생들이여 내가 어떻게 하여야 구원을
받으리이까 하거늘 이르되 주 예수를 믿으라 그리하면 너와 네 집이 구원을
받으리라 하고 주의 말씀을 그 사람과 그 집에 있는 모든 사람에게 전하더라"

(행 16:29-36)

사람들 가운데는 두 종류의 사람이 있습니다. 하나는 믿음의 사람이요,
다른 하나는 불신의 사람입니다. 믿음의 사람은 우주 만물을 창조하신 전지
전능하신 하나님을 믿고 그 말씀을 따라 살되 하나님을 위해서 사는 사람입
니다. 그러나 불신의 사람은 자신을 믿고 돈과 권세를 의지하고 자기만을
위해서 사는 사람입니다.

오늘 본문에 나타난 사도 바울이야 말로 믿음으로 사는 사람입니다. 그래
서 그는 창조적인 인생을 사셨습니다. 이제 우리는 그의 복된 삶을 살펴보
면서 은혜를 받고자 합니다.

1. 최악의 시간을 최선의 시간으로 만들었습니다

사도 바울은 빌립보에서 전도하던 중 귀신들려 무당노릇 하던 한 여종을
만났습니다. 바울은 예수님의 이름으로 귀신을 쫓아내고 그 여종을 고쳐주
었습니다.

정말 인사와 응분의 대접을 받을 만한 일입니다. 그러나 인사는커녕 모욕
을 당하였고, 대접은커녕 곤장으로 매를 수없이 맞았습니다. 설상가상으로
투옥까지 당했습니다. 되는 일이 하나도 없었습니다.

바울과 실라가 당한 고통을 우리는 충분히 이해 할 수 있습니다. 매 맞은 상처로 인한 고통도 견디기 어려웠지만, 억울하게 당한 봉변으로 인한 수모감은 더욱 견디기 어려웠을 것입니다. 대다수의 사람은 이런 경우에 상대방을 원망하고 불평하고 분개하는 것입니다. 그래서 자신의 고통을 가중시키고 그 심령을 병들게 만듭니다.

그러나 바울은 그렇지 않았습니다. 견디기 어려운 고통 중에서도 찬송과 기도를 쉬지 않았습니다. 찬송하는 중에 감사가 생기고, 기도하는 중에 능력을 얻게 되었습니다. 그래서 바울은 최악의 시간을 최선의 시간으로 바꿀 수 있었던 것입니다.

우리 그리스도인들은 교회에서나 가정에서나 직장에서나 어디서든지 사도 바울을 본받아 최악의 시간을 최선의 시간으로 바꿀 수 있는 기도의 사람이 되어야 할 것이며 또한 찬송과 감사의 사람이 되어야 할 것입니다. 그래야 창조적인 삶을 살아갈 수가 있는 것입니다.

2. 최악의 장소를 최선의 장소로 만듭니다

감옥이라는 곳은 고통스러운 곳입니다. 외로운 곳입니다. 자유가 완전히 박탈된 곳입니다. 지옥과 같은 곳이 바로 감옥입니다. 그러므로 지상에서 가장 고통스럽고 가장 불행한 곳이 바로 감옥입니다. 그러나 바울은 이러한 최악의 장소로 하여금 최선의 장소로 만들었던 것입니다. 예수 그리스도를 증거하는 전도의 장소로, 간수와 그의 가족을 구원해 내는 구원의 장소로 삼았습니다.

바울은 빌립보 감옥에서 그를 구원하는 중차대한 과업을 수행하였기에 그 곳이야 말로 복된 장소가 된 것입니다. 복음이 전파되는 곳은 어떤 곳이든지 잊을 수 없는 복된 장소로 변하는 것입니다.

우리의 무능과 실패의 원인을 환경과 장소의 탓으로 돌려서는 안 됩니다.

바울처럼 최악의 장소를 최선의 장소로 바꾸어 놓는 창조적인 사람이 되어야 합니다. 언제나 창조주 하나님을 모시고, 그 말씀에 의지하여 살 때, 적극적이고 긍정적이고 창조적인 삶을 이루는 것입니다.

3. 최악의 사건을 최선의 사건으로 바꾸어야 합니다

사람이 이 세상을 살아가는 동안에는 좋은 일보다 나쁜 일을 당할 때가 많고, 기쁜 일보다 슬픈 일 당할 때가 많고, 편안할 때보다 고통스러울 때가 더 많은 것입니다. 개인적으로나 가정적으로나 국가적으로 종종 원치 않는 사태가 발생하여 우리는 최악의 사건에 직면하게 되는 경우가 많습니다.

이런 때에 어떤 이는 될 대로 되라고 자신을 내 던져버리는 사람이 있습니다. 낙심과 좌절 속에서 헤어나지 못하고 결국 심신이 시들어버리고 맙니다. 참으로 불행한 사람입니다.

그러나 믿음의 사람은 '사랑하는 자 곧 그 뜻대로 부르심을 입은 자들에게는 모든 것이 합력하여 선을 이루게 하시는 창조주 하나님'을 의지하고 주어진 여건을 하나님의 복되신 뜻으로 믿고 감사하며, 확신을 가지고 나아가야 합니다.

믿음과 확신에 넘치는 사람은 무슨 일을 만나든지 긍정적으로 받아드립니다. 항상 기뻐하고 범사에 감사합니다. 그러나 믿음이 없는 사람은 자신과 환경을 부정적으로 보며 소극적이기 때문에, 전화위복의 하나님의 은총을 바라보지 못하고 원망과 불평만 할 따름입니다.

사랑하는 성도 여러분! 우리도 사도 바울과 같이 믿음으로 순종하며 살며, 최악의 시간을 최선의 시간으로 바꾸며, 최악의 장소를 최선이 장소로 바꾸며, 최악의 사건을 가장 복된 일로 바꾸는 놀라운 역사를 체험할 수 있기를 바랍니다.

말씀을 생각하며

1. 오늘의 말씀의 요점을 간단히 요약해 봅시다.

_____

_____

_____

_____

2. 오늘 말씀에서 본 받아야 할 기도의 자세는 무엇입니까?

_____

_____

_____

_____

한 주간의 기도제목

나	
가정	
교회	

제28과
졸지 맙시다

사도행전 20:7-12
찬송 : 337, 344

"유두고라 하는 청년이 창에 걸터앉아 있다가 깊이 졸더니 바울이 강론하기를 더
오래 하매 졸음을 이기지 못하여 삼 층에서 떨어지거늘 일으켜보니
죽었는지라" (행 20:9)

졸릴 때 잠자고, 깨야할 때 깨는 것은 자유로운 행복입니다. 그러나 잠자
고 싶을 때 잠자지 못하는 것은 고통스러운 일입니다. 분명히 잠은 은혜이
며, 복입니다. 그러나 시도 때도 없이 잠을 잔다든지, 때와 장소도 가리지
않고 졸고 앉아 있다면 그건 보통 문제가 아닙니다. 그러므로 잠이 다 좋은
것은 아닙니다. 우리나라의 경우 교통사고의 주된 원인은 과속운전, 과로운
전, 음주운전, 졸음운전이라고 합니다.

우리는 본문 속에서 졸다가 떨어져 죽은 한 젊은이의 사건을 통해 교훈
을 발견하게 됩니다.

1. 주일에 그 사건이 일어났습니다

우리는 엿새 동안 눈코 뜰 새 없이 자기 사업, 자기 직장, 자기 생업에
골몰하다가 안식일이 되면 내가 쉬는 날로 착각하고 놀고 쉬려하고 있습니
다. 그것은 안식일의 기본정신을 망각한 처사인 것입니다.

주일의 경우는 구약의 안식일이 예수 그리스도 중심의 사건으로 바뀌면
서 지키게 된 주의 날입니다. 글자 그대로 주일은 주의 날, 주님의 날입니
다. 그날의 주인은 주님이십니다. 그런데 우리는 주인한테 물어보지 않고
휴일이니, 공일이니, 주일이니 하여 제멋대로 남용하고 죄짓는 데 쓰고 있
습니다.

여러 사람들이 주일예배를 드리기 위해 모였고 마침 선교여행 중 드로아를 방문한 바울사도가 말씀을 전하게 되었던 것입니다. 그런데 그 은혜스럽고 복된 날, 복된 장소에서 불상사가 벌어진 것입니다. 유두고라는 청년이 3층 다락 난간에 걸터앉아서 졸다가 떨어져 죽은 것입니다.

주의 날 주의 전에 나오지 않는 것은 말할 가치도 없습니다. 그러나 나와서 앉아 있다고 하더라도 참 예배자의 정신과 자세를 가다듬지 않으면 안되는 것입니다. 주의 전에 나와 바른 예배를 드려야 합니다.

2. 그 사건은 말씀 듣는 도중에 일어났습니다

7절을 보면 **"바울이 이튿날 떠나고자 하여 그들에게 강론할새 말을 밤중까지 계속하매"** 라고 했습니다. 요즘으로 말하면 저녁집회가 좀 길어졌는데, 3층에서 졸던 사람이 떨어져 죽었다는 얘기가 됩니다.

잡담하고 노닥거리는 것은 시간가는 줄 모릅니다만, 진리를 탐구하고 말씀을 들으며, 하나님을 예배하는 시간은 지루하고 답답할 때가 있습니다. 그러나 그것은 내 생각에 잘못이 있는 것입니다. 그런데 유두고는 하나님을 만나는 교회에서 하나님의 음성을 들으면서 졸고 있었습니다.

그리고 그가 졸아선 안 될 이유가 또 있었습니다. **8절**을 보면 **"우리가 모인 윗다락에 등불을 많이 켰는데"** 라고 했습니다. 조명은 수면과 직접 관계가 있습니다. 불을 끄거나 조명이 어두우면 졸거나 잠을 청하게 됩니다. 그러니 그날 밤의 경우는 윗다락까지 등불을 밝혀 두었습니다.

그리고 그날 밤 졸았던 사람의 수가 수십 명이었다면 그것은 바울의 책임입니다만, 다 정신을 차리고 말씀을 듣는데 유두고 혼자만 졸았습니다. 한 마디로 은혜의 등불, 마음의 등불, 영혼의 등불이 꺼졌기 때문입니다.

마귀는 신자가 은혜 받는 것을 제일 싫어합니다. 이유는 은혜를 받지 못해야 다루기가 쉽기 때문입니다.

사단이 은혜 받는 것을 방해하는 몇 가지 방법이 있습니다.

첫째, 말씀에 대해 거부감을 일으킵니다.

둘째, 말씀에 대해 의심을 일으킵니다.

셋째, 하나님의 하시는 일에 대해 불평스러운 마음을 일으킵니다.

넷째, 교회를 등지게 만듭니다.

다섯째, 졸도록 유도합니다.

유두고는 말씀을 듣다가 떨어졌습니다. 시험 중에 가장 심각한 시험은 말씀을 듣다가 그의 걸려 넘어지는 것입니다. 더 쉽게 말하면 설교를 듣다가 시험에 드는 것입니다.

3. 걸터앉았기 때문이었습니다

9절을 보면 **"유두고라는 청년이 창에 걸터앉아 있다가 깊이 졸더니… 졸음을 이기지 못하여 삼 층에서 떨어지거늘"** 이라고 했습니다.

도대체 무엇 하러 3층까지 올라갔는지 모르겠습니다. 위험은 피하는 것이 최상의 예방책입니다. 화재를 예방하려면 불을 조심해야 하고, 교통사고를 예방하려면 차를 조심해야 하는 것처럼, 추락을 막으려면 걸터앉아서는 안 됩니다.

걸터앉았다는 것은 안정감이 없습니다. 그리고 방자스러운 행동입니다. 의자에 앉는 것도 엉덩이를 디밀고 허리를 등받이에 붙이고 똑바로 앉는 것이 가장 단정한 자세입니다. 영적으로 걸터앉는다는 것은 뭔가 산만하고 오만하고 그러면서 지쳐있는 그런 상태를 의미합니다. 그것은 신앙의 위기입니다.

성공했든지 실패했든지, 잘 살든지 못 살든지, 힘들든지 쉽든지, 편하든지 괴롭든지 걸터앉으면 안 됩니다. 정신을 차리고 말씀을 듣고, 신앙생활에 최선을 다해야 합니다.

말씀을 생각하며

1. 오늘의 말씀의 요점을 간단히 요약해 봅시다.

_____

_____

_____

_____

2. 오늘 말씀에서 본 받아야 할 기도의 자세는 무엇입니까?

_____

_____

_____

_____

한 주간의 기도제목

나	
가정	
교회	

제29과
기쁘게 받으심이 되도록 드리라

레위기 22:17-23
찬송 : 50, 76

"이스라엘 자손이나 그 중에 거류하는 자가 서원제물나 자원제물로 번제와
더불어 여호와께 예물로 드리려거든 기쁘게 받으심이 되도록 소나 양이나 염소의
흠 없는 수컷으로 드릴지니 무릇 흠 있는 것은 무엇이나 드리지 말 것은 그것이
기쁘게 받으심이 되지 못할 것임이니라" (레 22:18-20)

어느 날 정성껏 준비한 선물을 가지고 친구의 집을 방문했습니다. 그러나
그 친구는 문도 열어주지 않았고, 선물도 거절했습니다. 그때 거절당한 기
분이 어떠했겠습니까? 거절당한 제사, 거절당한 예물, 거절당한 호의는 헛
수고에 불과합니다. 우리는 예배를 어떻게 드려야 기쁘게 받으시는지 살펴
보겠습니다.

1. 흠 없는 것으로 드려야 합니다

하나님께 드리는 모든 제물이나 예물을 흠 없는 것으로 드려야 합니다(19
절). 흠 없다는 것은 완전하다는 뜻입니다. 불완전한 예물은 받지 않습니다.
그래서 바울은 로마서 12장 1절에서 **"그러므로 형제들아 내가 하나님의 모든
자비하심으로 너희를 권하노니 너희 몸을 하나님이 기뻐하시는 거룩한 산 제물
로 드리라"**고 했습니다.

구약시대는 산 짐승, 흠 없는 짐승을 드렸고, 예수님은 자신을 희생 제물
로 바쳤습니다. 그리고 지금은 내가 산 제물이 되어야 한다고 바울은 강조
하고 있습니다.

구약에서 강조된 흠 없는 제물은 예수 그리스도를 예표한 것입니다. 예수

그리스도만이 흠이 없기 때문입니다. 그러나 나는 허물투성이입니다. 흠이 없고, 약점이 많은 존재입니다. 바로 그러한 나를 예수그리스도의 피로 온전하고 깨끗하게 만들어 주시고 산 제물이 되게 해주신 것입니다.

2. 감사함으로 드려야 합니다

구약성경을 보면 이스라엘이 하나님께 드린 대표적인 제사가 다섯 가지가 있습니다. 그것은 번제, 소제, 화목제, 속죄제, 속건제입니다. 그리고 제사를 드리는 방법은 넷으로 구분되는데, 이 모든 제사의 동기는 하나님의 사랑과 구속의 은총에 대한 감사에서 비롯된다는 것입니다.

레위기 7장 12절을 보면 **"화목제물을 드릴 때 감사함으로 드려야 된다"**라고 했고, 15절을 보면 **"감사함으로 드리는 화목제물"**라고 했습니다. **시편**을 보면 **"여호와께 감사하라 그는 선하시며 그 인자하심이 영원함이로다"**라고 했고 **"감사함으로 그 궁정에 들어가라"**고 했습니다.

3. 정성껏 드려야 합니다

레위기 2장 1절을 보면 **"누구든지 소제의 예물을 여호와께 드리려거든 고운 가루로 예물을 삼아 드리라"**고 했습니다. 고운 가루는 한 마디로 가장 귀한 상등품 밀가루를 의미합니다. 그리고 고운 가루란 더 이상 방아를 찧을 수 없을 만큼 세미하게 만든 가루를 의미합니다. 밀이 가루가 되는 것은 자기를 으깨는 희생을 의미합니다. 그러니까 가장 고운 가루란 가장 오랫동안 많이 희생당한 가루라는 뜻입니다. 하나님께 드리는 것은 정성으로 준비하고, 정성으로 나오고, 정성으로 드려야 합니다.

4. 순결한 것으로 드려야 합니다

레위기 2장 11절을 보면 하나님께 드리는 소제물에는 누룩을 넣지 말라고 했습니다. 하나님께 드리는 소제물 속에는 썩게 하는 누룩을 넣으면 안 됩니다. 그것은 썩은 정성, 썩은 태도, 썩은 정신, 썩은 물질을 드려선 안 된다는 것을 가르쳐 줍니다. 누룩은 나만 썩게 하는 것이 아니라 남도 썩게 만듭니다.

하나님께 드리는 것은 동기도, 방법도, 결과도 선해야 합니다. 예배 역시 그 동기와 방법이 순수해야 합니다. 다시 말하면 하나님의 사랑과 그 은혜가 감격스럽고 감사해서 경배와 찬양을 드리는 것이어야 합니다. 헌금을 드리는 것도 순수한 마음으로 드려야 합니다.

레위기 2장 13절을 보면 **"네 모든 소제물에 소금을 치라"**고 했습니다. 소금은 썩는 것을 방지합니다. 뻣뻣한 것을 숨을 죽여 부드럽게 만듭니다. 그리고 소금은 맛을 내줍니다. 소금을 치라는 것은 썩지 않게 부드럽게 맛있게 드리라는 것입니다. 그래야 하나님도 기쁘게 받으시는 것입니다.

5. 온전히 드려야 합니다

레위기 4장 10절 이하를 보면 속죄제를 드릴 때 모든 것을 불살라 드리라고 했습니다. 가장 온전한 제사는 불태워 드리는 것입니다. 불사른다는 것은 완전히 소각한다는 것입니다. 나를 온전히 드리는 것이 참 제사이며 예배입니다.

나를 드리지 않고 물질만 드린다면 그것은 참 예배가 아닙니다. 그리고 참 감사도 아닙니다. 하나님이 받으시는 가장 귀한 예물은 나를 온전히 드리는 것입니다.

고린도전서 6장 19-20절에, **"너희는 너희의 것이 아니라 값으로 산 것이 되었으니 그런즉 너희 몸으로 하나님께 영광을 돌리라"**고 했습니다. 내 몸도, 내 영혼도, 내 물질도, 내 시간도 내 것이 아닙니다. 하나님의 것입니다. 그러므로 하나님께 드리고 영광도 드려야 하는 것입니다.

말씀을 생각하며

1. 오늘의 말씀의 요점을 간단히 요약해 봅시다.

_____

_____

_____

_____

2. 오늘 말씀에서 본 받아야 할 기도의 자세는 무엇입니까?

_____

_____

_____

_____

한 주간의 기도제목

나	
가정	
교회	

제30과
원망하지 말라

출애굽기 16:6-12
찬송 : 398, 523

"내가 이스라엘 자손의 원망함을 들었노라 그들에게 말하여 이르기를 너희가 해 질 때에는 고기를 먹고 아침에는 떡으로 배부르리니 내가 여호와 너희의 하나님인 줄 알리라 하라 하시니라" (출 16:12)

원망은 불신의 산물입니다. 하나님은 이스라엘 백성들이 죽게 됐다면 살 길을 열어 주셨고, 물이 쓰다고 원망하면 단물이 되게 해 주셨고, 배고프다고 원망하면 만나를 주셨고, 고기 먹고 싶다고 원망하면 메추라기를 주셨고, 목마르다고 원망하면 반석에서 나온 생수를 주셨습니다. 수를 셀 수 없을 정도로 하나님의 기적과 응답을 체험한 저들입니다만 계속 원망을 일삼았습니다. 한마디로 하나님을 향한 믿음이 없었기 때문입니다.

원망하는 나쁜 습관에 길들면 일마다 원망을 일삼게 됩니다. 습관은 그 사람의 인격과 신앙과 삶을 결정하는데 중요한 역할을 합니다. 습관적으로 투정하고 하나님을 원망하면 결국 그 영혼이 버림받고 만다는 것을 기억해야합니다.

1. 왜 원망하면 안 됩니까?

출애굽기 16장 7절을 보면 **"여호와께서 너희가 자기를 향하여 원망함을 들으셨음이라"** 고 했습니다. 그 원망이 속으로 중얼거리는 독백이든 혼자서 고함치는 것이든 다른 사람 앞에서 터뜨린 것이든 하나님이 그 원망을 들으신다는 것입니다.

이스라엘 백성의 눈에 보이는 공격대상은 모세였습니다. 그들은 모세가 자기들을 애굽에서 끌어냈고 고생을 시키고 있다고 생각했습니다. 그리고 모세의 지도능력이 모자라 먹을 것과 마실 것을 해결하지 못한다고 여겼습니다. 그래서 걸핏하면 모세에게 대들고 도전했습니다.

이사야 64장 8절은 **"우리는 진흙이요 주는 토기장이시니 우리는 다 주의 손으로 지으신 것이니이다"**고 했습니다. 진흙덩어리가 토기장이를 향해 원망을 퍼붓는다면 그 결과가 어떻게 되겠습니까?

모세는 하나님이 부른 사람입니다. 하나님이 강권적으로 애굽에 보내 명령을 순응하며 평생을 바친 하나님의 종입니다. 그런데 이스라엘은 모세를 공격했고 죽이겠다고 덤볐고, 돌을 던지려 했고 원망과 비난을 서슴치 않았습니다.

여기서 중요한 것은 그들의 원망은 곧 하나님을 향한 원망이었으며, 하나님을 향한 도전이었다는 것입니다.

2. 원망하면 어떻게 됩니까?

고린도전서 10장 10절을 보면 **"그들 가운데 어떤 사람들이 원망하다가 멸망시키는 자에게 멸망하였더니 너희는 그들과 같이 원망하지 말라"**고 했습니다. 그리고 **야고보서 5장 9절**을 보면 **"형제들아 서로 원망하지 말라 그리하여야 심판을 면하리라 보라 심판주가 문 밖에 서 계시니라"**고 했습니다.

원망은 하면 할수록 그 폭이 넓어집니다. 가까운 사람에 대해 원망을 하기 시작하면 점차 주변은 물론 사회 국가 세계가 원망의 대상으로 바뀌게 됩니다. 한 가지를 원망하기 시작하면 열 가지 백 가지 그리고 세상만사가 다 원망스러워지게 되는 것입니다. 그러다가 멸망하고 심판받게 되는 것입니다.

소위 지존파라는, 범죄조직을 만들고 엽기적 살인을 일삼던 20대 젊은이들의 행적이 그것을 설명해 줍니다. 가난, 무지, 멸시, 증오가 한 데 뭉쳐 세상을 쓸어버리려 했다는 것이 저들의 항변입니다. 그러나 저들보다 더 불우하고 비참한 환경 속에서도 곧고 바르게 일하며 꿈을 키워나가는 젊은이들이 더 많습니다. 원망의 결과는 하나님의 심판이 따르게 됩니다.

3. 원망을 피하는 방법은 무엇입니까?

원망을 일삼고 불평불만이 가득 차있는 사람들과 교제하면 자신도 모르는 사이에 오염이 되고 맙니다. 그리고 그런 사람들은 또래집단 형성을 위해 마치 세뇌를 하듯 다른 사람들을 세뇌시키고 동조자를 만들려 합니다. 더 깊은 함정에 빠지기 전 원망하는 개인이나 집단과는 사귐을 끊어야 합니다.

또한 자신의 삶에 만족을 느끼지 못하는 사람들이 불평과 불만이 많습니다. 주어진 삶과 상황에 최선을 다하는 사람이 자족할 줄 아는 사람입니다. 그리고 그런 사람이라야 향상과 발전과 성공이 가능한 것입니다. 반대로 환경을 탓하고 저주하고 적개심을 품는다면 지존파의 젊은이들처럼 멸망에 이르게 되고 마는 것입니다.

원망심리의 뿌리는 책임전가입니다. 나는 잘못한 것이 없는데, 누구 때문에, 무엇 때문에 이렇게 됐다는 망울이 맺혀 있습니다. 그러나 내 책임임을 인정하기 시작하면 남을 탓하고 하나님을 원망하는 마음이 없어지게 되는 것입니다.

우리는 나의 마음과 나의 삶 속에 주님이 임재 하셔서 원망과 시비, 질투와 분쟁, 다툼과 증오를 잠잠케 해달라고 기도해야 합니다. 주님이 우리의 마음을 다스려 주실 때 마음의 평안이 있고, 하나님의 은혜에 감사하며 살아가게 되는 것입니다.

말씀을 생각하며

1. 오늘의 말씀의 요점을 간단히 요약해 봅시다.

_____

_____

_____

_____

2. 오늘 말씀에서 본 받아야 할 기도의 자세는 무엇입니까?

_____

_____

_____

_____

한 주간의 기도제목

나	
가정	
교회	

제31과
그리스도를 힘입어라

골로새서 3:15-17
찬송 : 426, 421

"그리스도의 평강이 너희 마음을 주장하게 하라 너희는 평강을 위하여 한 몸으로
부르심을 받았나니 너희는 또한 감사하는 자가 되라 그리스도의 말씀이 너희 속에
풍성히 거하여 모든 지혜로 피차 가르치며 권면하고 시와 찬송과 신령한 노래를
부르며 감사하는 마음으로 하나님을 찬양하고 또 무엇을 하든지 말에나 일에나 다
주 예수의 이름으로 하고 그를 힘입어 하나님 아버지께 감사하라"
(골 3:15-17)

바울 서신을 보면 벗으라는 말과 입으라는 말이 자주 등장합니다. 벗고
입는 행위는 인간 세계에서만 가능합니다. 동물의 세계에는 입고 벗는 행위
가 존재하지 않습니다. 털갈이나, 허물갈이는 있습니다만 사람처럼 옷을 벗
거나 입는 일은 없습니다.

창세기 3장 21절에 의하면 하나님께서 직접 만드신 가죽 옷을 아담과 하
와에게 주셨습니다. 그러니까 이 사건은 창세기에서부터 하나님은 인간이
벗고 입는 일에 관여하셨다는 것을 설명해 주는 것입니다.

바울의 경우 **"썩어져 가는 구습을 따르는 옛 사람을 벗어 버리라"**고 했
고, **"하나님을 따라 의와 진리의 거룩함으로 지으심을 받은 새 사람을 입으
라"**고 **에베소서 4장 22, 24절**에서 말씀했습니다.

1. 우리가 벗을 것들은 어떤 것들입니까?

에베소서 4장 22절을 보면, **"너희는 유혹의 욕심을 따라 썩어져 가는 구습
을 따르는 옛 사람을 벗어 버리라"**고 했습니다. 여기서 말하는 옛 사람은
거듭나지 못한 상태를 의미합니다.

믿는 척하다가 태어나지도 못하고 죽어 버리는 사람이 있습니다. 그것은 유산과 같습니다. 믿긴 믿는데 남을 괴롭히고, 교회를 어지럽게 만들고, 자신도 고통스럽게 살면서 가까스로 신앙생활을 하는 사람이 있습니다. 이런 사람은 난산과 같습니다. 가룻 유다처럼 예수 따라다니고 직분도 받고 집회 참석도 하는 사람이 있습니다. 그런데 그 마음속에 예수가 없습니다. 그래서 결국은 그 영혼이 멸망하고 맙니다. 이런 사람은 사산과 같습니다. 그러나 시험과 연단을 잘 견디고 그리스도와 교회 때문에 겪는 어려움을 잘 참으면서 마침내 영광의 나라에 들어가는 사람이 있습니다. 그런 사람은 순산한 사람인 것입니다.

그래서 바울은 옛 사람을 벗어 버리라고 한 것입니다. **에베소서 4장 22절**을 보면 그것은 썩어져 가는 것들이라고 했습니다. 썩어져 가는 것은 도려내고 수술을 해야 새 살이 돋아납니다. 썩어져 가는 것을 아깝다든지 아쉽다고 해서 그대로 놔두면 생명이 위험하게 됩니다. 나의 옛 사람은 어떤 것이었습니까? 그것은 욕심, 방탕, 시기, 질투, 음란, 도적질, 훼방, 분쟁, 고집 등 이루 헤아릴 수 없습니다. 그런 것들을 빨리 벗어버려야 합니다.

2.무엇을 입어야 합니까?

에베소서 4장 24절에서는 "**새 사람을 입으라**" 고 했고, **골로새서 3장 17절**에서는 "**그를 힘으라**" 고 했습니다. 벗었으면 다른 것을 입어야 합니다. 벗어 놓은 것을 다시 입으면 안 됩니다. 바울은 "**새 사람을 입으라, 그를 힘입으라**" 고 했습니다. 옷만 갈아입는 것은 의미가 없습니다. 새사람이 되어야 합니다. 여기서 말한 새 사람이란 거듭난 사람이 되는 것, 예수님의 소유가 된다는 것을 뜻합니다.

인간의 영혼을 교정하고 바로 잡는 것은 예수 그리스도를 힘입는 것으로만 가능합니다. 예수를 힘 입는다는 것은 예수님의 힘을 내가 받는 것을 의미합니다. 마치 전류가 내 몸에 흐르는 것처럼, 그리고 옷을 갈아입는 것처럼 예수님의 힘을 내가 받고, 예수의 힘을 옷 갈아입듯 입는 것을 의미하는 것입니다. 나는 아무 힘이 없지만 예수를 힘 입으면 나도 힘 있는 사람이 되는 것입니다. 나는 쓸모가 없지만 예수를 옷 입으면 쓸모 있고 아름다운 존재가 되는 것입니다.

3. 그를 힘입고 난 후의 결과는 무엇입니까?

예수를 힘입고 새사람이 되면 평강이 우리 삶 속에 임합니다. 그리고 그 평강은 세상에서 얻는 그런 것들이 아닙니다. 세상 평강은 기분이나 조건에 좌우됩니다. 그리고 사람이 빼앗아 갈 수도 있습니다. 그러나 주님께서 주시는 평강은 기분이나 조건이 좌우하지 못하며, 영원합니다. 그리고 사람도 마귀도 빼앗아 가지 못합니다.

그리스도인의 신령한 삶을 **16-17절**은 다음과 같이 설명합니다.

첫째, 말씀이 풍성합니다. 다시 말하면 말씀이 넉넉하기 때문에 그 영혼이 배고프지 않다는 것입니다. 배고프면 시끄럽고 불평이 많지만 배가 부르면 온갖 불평이 잠잠해지고 열심히 일하게 되는 것입니다.

둘째, 신령한 노래를 부릅니다. 찬송은 감사, 고백, 경배를 한데 묶어 드리는 곡조 붙은 신앙고백인 것입니다. 중병을 앓고 있거나 탈진상태에 빠진 사람은 소리가 작습니다. 찬송소리가 작은 사람, 잡념에 사로잡히는 사람은 영적 건강에 문제가 있습니다. 예수님을 힘입으면 찬송의 크기가 달라지고 태도가 달라집니다.

셋째, 모든 일을 예수님의 이름으로 합니다. 찬송도 예수님께, 봉사도 예수 이름으로 한다는 것입니다. 예수를 옷 입으면 나는 감춰지고 예수가 드러납니다. 더럽고 추한 내 모습은 예수로 감싸지고 예수가 나타납니다. 그러니까 자연히 예수 이름이 드러날 수밖에 없는 것입니다.

예수님을 힘입고 새 사람이 되어 영적 싸움에서 승리하는 삶을 살기를 바랍니다.

말씀을 생각하며

1. 오늘의 말씀의 요점을 간단히 요약해 봅시다.

_____

_____

_____

_____

2. 오늘 말씀에서 본 받아야 할 기도의 자세는 무엇입니까?

_____

_____

_____

_____

한 주간의 기도제목

나	
가정	
교회	

8월

건강한 신앙

제32과
그리스도 안에서의 자유

로마서 8:1-2
찬송 : 408, 410

"그러므로 이제 그리스도 예수 안에 있는 자에게는 결코 정죄함이 없나니, 이는
그리스도 예수 안에 있는 생명의 성령의 법이 죄와 사망의 법에서 너를
해방하였음이라" (롬 8:1-2)

해방은 한 마디로 자유로워지는 것입니다. 정치적 억압으로부터 자유로워
지는 것이고, 정신적 구속으로부터 자유로워지는 것이고, 경제적 속박으로
부터 자유로워지는 것이 해방입니다. 다시 말하면 억압과 속박에서 벗어나
사람답게 사는 것을 해방이라고 할 수 있는 것입니다.

우리에게 해방을 주신 하나님께 다시 한 번 감사를 드리면서 참된 해방
이란 어떤 것이며 우리는 어떤 것들로부터 자유로워졌는가를 생각해 보겠습
니다.

1. 죄와 죽음으로부터 해방되었습니다

예수 그리스도는 우리 모두를 죄와 죽음에서 자유롭게 해주셨습니다. 죄
값은 사망이기 때문에 죄의 문제를 해결하지 못하면 그 죄 값으로 죽게 됩
니다. 그런데 답답한 것은 인간은 그 누구를 막론하고 자신의 힘이나 노력
으로 죄를 없애거나 해결하지 못한다는 것입니다.

구약성경을 보면 짐승을 사람 대신 잡아 제사드림으로 죄를 사함 받았습
니다. 신약성경을 보면 예수 그리스도가 우리 대신 죽으심으로 죄를 사해
주셨고, 누구든지 대신 죽으신 예수 그리스도를 믿으면 죄 사함 받고 영생
을 얻는다고 가르쳐 주고 있습니다. 바울은 이것을 가리켜 "죄와 죽음에서
나를 해방하였다"고 했습니다.

출애굽기 21장을 보면 6년 동안 주인을 섬기던 종이 7년 되는 해에는 아무 조건 없이 주인을 떠나 자유롭게 되는 법이 있었습니다. 이것을 안식년 제도라고 합니다. **레위기 25장**을 보면 안식년을 일곱 번 지나서 50년이 되는 해를 희년이라고 합니다. 희년이 되면 땅도 쉬고 종도 해방되어 자유를 얻게 됩니다. 이것을 희년제도라고 합니다.

　우리가 죄와 죽음의 종으로부터 해방 받는 것은 내 마음대로 되는 것이 아닙니다. 우리는 그리스도 예수 안에 있는 생명의 성령의 법 안에서 죄와 죽음으로부터 자유를 얻고 생명을 얻게 되는 것입니다.

2. 율법으로부터 해방되었습니다

　법은 어떻게 살 것인가를 가르쳐 주는 표준입니다. 성경에 나오는 모든 법은 시행령과 금령으로 구분됩니다. 다시 말하면 무엇 무엇을 어떻게 하라가 시행령입니다. 금령이란 무엇 무엇을 하지 말라, 하면 어떤 벌을 받는다는 것입니다. 시행령은 적극적인 법이고, 금령은 소극적인 법입니다. 율법 속에는 이 두 가지가 포함되어 있습니다.

　그러나 법은 없을수록 좋습니다. 법은 있는데 지키지 못하면 사람들은 거짓말을 시작하게 되고, 위선으로 자기를 감싸기 시작하는 것입니다. 예를 들면 일주일에 반드시 한 번씩 금식을 해야 하고, 구제를 해야 하고, 기도를 해야 한다는 법이 있습니다. 그런데 그 법을 지키지 못하는 어떤 종교지도자가 있습니다. 만일 그가 그 법을 지키지 못하는 것이 공개되면 그의 지도력이나 출세에 지장이 있게 됩니다. 그리하여 그는 그 법을 지키는 척하게 되고, 자기를 위선의 천으로 포장하지 않을 수 없게 되는 것입니다. 그러므로 바울은 **"율법의 의로는 의로워질 수 없다"**(롬 7:7)고 선언합니다.

　법은 좋고 나쁜 것과 바른 것과 바르지 못한 것을 가르쳐 줍니다만, 그 법은 내 죄를 도말하거나 속죄해 주진 못합니다. 그러나 예수 그리스도의 사랑의 법은 내가 비록 죄를 범했더라도 그 죄를 용서하시고 새사람이 되게 해주십니다. 이것을 바울은 율법으로부터 해방된 것이라고 했습니다.

3. 사탄으로부터 해방되었습니다

마귀는 계속해서 죄를 만들어 냅니다. 악을 만들고, 이 세상이 온통 죄로 썩어 냄새가 나게 합니다. 마귀의 별명 가운데 바알세불이라는 게 있습니다. 그 뜻은 "인분 무더기의 주인"이라는 것입니다. 마귀는 신선하고 깨끗하고 아름다운 것을 싫어합니다. 마귀는 자신의 세력 확장을 위해 온갖 수단과 방법을 총동원합니다. 전쟁, 분열, 술수, 음란, 퇴폐, 불신앙 등, 동원할 수 있는 모든 것을 총동원합니다. 그리고 한번 마귀에게 사로잡히면 빠져 나오는 것이 불가능합니다.

계시록 20장 2절을 보면 마귀를 옛 뱀이라고 했습니다. 뱀의 여러 가지 특성 가운데 공격목표를 한 번 잡으면 절대로 놓치지 않는다는 것입니다. 마귀에게 잡히면 놓이기 어렵습니다. 그러나 예수 그리스도는 가능합니다. 예수는 마귀의 머리를 깨뜨렸기 때문입니다.

창세기 3장 15절을 보면 **"여자의 후손은 뱀의 머리를 상하리라"**고 했습니다. 이 말씀은 예수 그리스도가 마귀의 머리에 치명타를 입히게 된다는 예언입니다. 우리가 예수 그리스도로 말미암아 구원을 받고 하나님의 자녀가 되면, 그 사실이 확인되는 순간부터 마귀는 우리 곁을 떠나는 것입니다. 죄로부터 자유, 죽음으로부터 자유, 율법으로부터 자유, 마귀로부터 자유, 이들을 바울은 해방된 사람들이라고 불렀습니다.

갈라디아서 5장 1절에, **"그리스도께서 우리로 자유롭게 하려고 자유를 주셨으니 그러므로 굳건하게 서서 다시는 종의 멍에를 메지 말라"**고 했습니다. 하나님의 자녀로서 참 자유를 누리며 살기를 바랍니다.

말씀을 생각하며

1. 오늘의 말씀의 요점을 간단히 요약해 봅시다.

_____

_____

_____

_____

2. 오늘 말씀에서 본 받아야 할 기도의 자세는 무엇입니까?

_____

_____

_____

_____

한 주간의 기도제목

나	
가정	
교회	

제33과
그리스도의 마음을 가지라

고린도전서 2:12-16
찬송 : 449, 455

"신령한 자는 모든 것을 판단하나 자기는 아무에게도 판단을 받지 아니하느니라
누가 주의 마음을 알아서 주를 가르치겠느냐 그러나 우리가 그리스도의 마음을
가졌느니라" (고전 12:15-16)

마음은 생각을 만들어 내고 생각은 행동을 결정하고 동기를 부여합니다. 사람은 마음의 생각을 따라 행동하게 되기 때문에 그가 어떤 마음을 품느냐에 따라 행복과 불행, 성공과 실패가 좌우됩니다.

우리가 그리스도의 마음을 가졌다는 것은 신령한 마음 즉 성령께서 주시는 마음을 뜻합니다. 그 마음을 가졌을 때 어떤 일이 일어나는가를 본문이 밝혀 주고 있습니다.

1. 하나님의 은혜를 알게 됩니다

우리가 한평생을 살아가노라면 실로 많은 사람들의 도움과 은혜를 입고 살게 됩니다. 그러나 그 은혜를 모든 사람이 다 기억하거나 갚으며 사는 것은 아닙니다. 그 은혜나 도움을 잊고 사는 사람도 있고 기억은 하지만 갚지 못하는 사람도 있습니다. 그리고 갚기는커녕 삶은 산수화처럼 곱고 아름답습니다. 하물며 하나님의 은혜를 알고 기억하고 감사하는 삶은 그 어느 아름다움에서도 비길 수가 없는 것입니다. 우리는 성령을 받아야 하나님께서 은혜로 주신 것들을 알게 됩니다.

그런데 불행하게도 우리시대는 하나님의 은혜는 물론 부모, 형제, 이웃들에게 대한 고마움을 모르고 사는 불감증 중병에 걸려 있습니다. "감사합니

다. 고맙습니다."라는 용어가 점차 퇴화해 가고 있습니다. 정신분석학자들은 비정상적인 사회에서 표출되는 집단심리 현상 가운데 '집단 히스테리'가 있다고 말합니다. 그 사회를 구성하고 있는 구성원 전체가 히스테리 환자처럼 발작적인 행동을 하게 된다는 것입니다.

경기침체, 계속되는 무더위, 부정적인 사회현상들이 복합적으로 작용하다 보면 우리들 역시 집단 히스테리에 걸릴 가능성이 많은 것입니다. 우리가 영적 불감증을 고치고 집단적 히스테리를 치료하려면 그리스도의 마음을 가져야 합니다. 그래야 은혜를 깨닫고 감사할 수 있는 것입니다.

2. 신령한 것을 분별할 수 있습니다

월드컵 경기를 보려면 경기가 열리는 나라에 가야만 하는 것은 아닙니다. 텔레비전 중계를 통해 보는 방법이 있습니다. 하늘의 별을 눈으로 관찰하고 세는 것은 어렵지만 천체를 보는 망원경이나 첨단 장비로 볼 수 있습니다. 육안으로 내장이나 위장을 들여다 볼 수는 없지만 내시경으로는 샅샅이 들여다 볼 수 있습니다.

신령한 세계 역시 육신의 눈이나, 경험이나, 지식으로는 볼 수도 없고, 이해할 수도 없습니다. 그래서 본문은 **"사람의 지혜가 가르친 말로 아니하고"** 라고 했고, **"영적인 것으로 분별하느니라"** 고 했습니다. 하나님이 하시는 일은 신령한 지식으로 분별할 수 있습니다.

하나님이 말씀으로 천지를 창조했다는 것이나 예수님이 내 죄를 위해 죽으셨다는 것은 신령한 사건입니다. 그 신령한 사건을 세상 지식으로 믿으려고 한다면 죽을 때까지 고개를 기웃거리다가 말 것입니다. 그러나 내가 신령한 믿음을 소유하게 되면 그 어느 것 하나도 고개를 갸우뚱 거릴 필요가 없는 것입니다.

아무리 오랫동안 교회를 다녀도 감동도 감격도 없이 찬송을 부르고, 하나님의 존재를 시인도 부인도 못하는 신앙이 되어서는 안 됩니다. 지금 이 시간 신령한 믿음을 구하기를 바랍니다. 신령한 것은 신령한 것으로 믿고 풀어야 합니다.

3. 판단 받을 일이 없게 됩니다

그리스도의 마음을 가진 사람은 영적 판단력을 갖게 됩니다. 다시 말하면 신령한 판단력이 있습니다. **고린도전서 12장**을 보면 성령께서 주시는 은사 가운데 영분별의 은사가 나옵니다. 본문도 **"신령한 자는 모든 것을 판단한다"**고 했습니다. 성령 충만하고 말씀이 충만하면 영분별과 판단력이 가능하게 되는 것입니다.

그리고 다른 사람으로부터 판단을 받지 않게 됩니다. 본문 **15절**을 보면 **"신령한 자는 아무에게도 판단을 받지 아니하느니라"**고 했습니다. 그 이유는 간단합니다. 성령 충만하고 신령한 삶을 사는 사람은 남의 눈에 거슬리거나 지탄받을 일을 하지 않기 때문입니다. 성령 충만한 사람은 남에게 유익을 줄지언정 해를 끼치지 않습니다. 덕을 세울지언정 깨뜨리는 일은 하지 않습니다. 예수님의 마음을 가진 사람은 감싸주고 덮어주고 일으켜 세워주기 때문에 어느 곳에서나 누구든지 그 사람을 좋아하게 됩니다.

결국 사단이 그를 판단하지 못합니다. 사단은 계속 그리스도의 사람들에게 도전합니다. "너는 아무것도 아니다. 너는 죄인이다. 너는 소망이 없다. 너는 죽는다. 너는 패배자다. 너는 교회를 다녀도 구원받기 힘들다"라면서 괴롭히고 정죄합니다. 그러나 성령 충만한 사람은 그런 것들이 겁나지 않습니다. 이유는 내가 예수님의 은혜로 죄 사함을 받고 하나님의 자녀가 됐다는 것을 확증해 주기 때문입니다.

말씀을 생각하며

1. 오늘의 말씀의 요점을 간단히 요약해 봅시다.

_____

_____

_____

_____

2. 오늘 말씀에서 본 받아야 할 기도의 자세는 무엇입니까?

_____

_____

_____

_____

한 주간의 기도제목

나	
가정	
교회	

제34과
건강한 사람들

잠언 4:20-27
찬송 : 201, 573

"내 아들아 내 말에 주의하며 내가 말하는 것에 네 귀를 기울이라 그것을 네
눈에서 떠나게 하지 말며 네 마음속에 지키라 그것은 얻는 자에게 생명이 되며 그
온 육체의 건강이 됨이니라 모든 지킬 만한 것 중에 더욱 네 마음을 지키라
생명의 근원이 이에서 남이니라" (잠 4:20~23)

　건강하면 사람들은 대부분 육체적인 건강을 생각하게 됩니다. 그리고 육
체의 건강을 위한 일이라면 안하는 것이 없고 못하는 일이 없습니다. 그러
나 성경을 보면 육체보다 더 소중한 것이 영혼이라는 사실과 영혼의 건강이
육체의 건강보다 훨씬 더 중요한 것이며 본질적인 것이라고 가르쳐 주고 있
습니다. 본문의 교훈 역시 영혼의 건강관리에 관한 것입니다. 몇 가지 교훈
을 살펴보겠습니다.

1. 말씀을 지켜야 합니다

　20절을 보면 **"내 아들아 내 말에 주의하며 내가 말하는 것에 네 귀를 기울
이라"**고 했고, **21절**을 보면 **"그것을 네 눈에서 떠나게 하지 말며 네 마음
속에 지키라"**고 했습니다.

　한 마디로 말하면 하나님의 말씀을 잘 듣고 그대로 행하라는 것입니다.
환자가 병원에 가면 의사의 처방과 지시가 있기 마련입니다. 병을 고치려면
의사의 말에 귀를 기울이고 그대로 해야 합니다.

　본문을 주목해 보면 **"내 말에 주의하라, 귀를 기울이라, 눈에서 떠나게 하
지 말라, 마음속에 지키라"**고 했습니다. 그리고 그렇게 하면 **"생명과 건강**

을 얻게 될 것이다" 라고 했습니다. 눈으로는 하나님을 바라보고 귀로는 하나님의 말씀을 듣고 입으로는 하나님이 기뻐하시는 일을 행하는 것이 건강 유지의 비결인 것입니다.

배고픈 사람, 집 없는 사람, 외로운 사람 그들 모두가 불쌍한 사람들입니다. 다만, 병든 사람처럼 불쌍한 사람은 없습니다. 병들면 산해진미도 높은 지위도, 그리고 고급문화 주택도 아무런 의미가 없습니다.

영혼이 병들면 제아무리 화려한 조건을 골고루 갖췄다고 해도 결국은 멸망하고 지옥 갈 것이 뻔하기 때문에 가장 불쌍한 사람이 되는 것입니다. 본문의 중심 교훈은 그 영혼이 건강해야 된다는 것입니다. 말씀을 지키고 그대로 살아야 영혼이 거듭나고 건강해지는 것입니다.

2. 나쁜 것을 버려야 합니다

24절을 보면 **"구부러진 말을 네 입에서 버리며 비뚤어진 말을 네 입술에서 멀리 하라"**고 했고, **25절**을 보면 **"네 눈은 바로 보며 네 눈꺼풀은 네 앞을 곧게 살피라"**고 했습니다.

우린 여기서 영혼의 건강을 해치는 통로가 두 가지임을 발견하게 됩니다. 그것은 입과 눈입니다. 입은 모든 음식물을 통과시키는 문과 같습니다. 너무 뜨거운 것을 통과시켜도 안 되고 너무 찬 것을 통과시켜도 안 됩니다. 너무 맵고, 짜고, 독한 것들을 통과시켜도 안 됩니다. 극약이나 독약을 통과시켜도 안 됩니다. 입은 몸속에서 생성되는 분비물을 내보내는 관문입니다. 그러나 계속 침을 흘린다든지 가래를 내뱉는다면, 먹은 음식물을 입으로 내보내면 안 됩니다. 건강한 사람은 계속 침을 뱉거나 가래를 내뱉지 않습니다.

데살로니가전서 5장 21-22절에, **"범사에 헤아려 좋은 것을 취하고 악은 어떤 모양이라도 버리라."**고 하셨습니다. 영혼이 건강한 사람은 그 입으로

궤휼이나 사악하고 굽고 독한 말을 내뱉지 않습니다. 그리고 그 눈으로 못된 것, 나쁜 것을 보기위해 방황하지 않는 것입니다. 그러나 영혼이 병들면 그 입으로 계속 더러운 말과 남을 괴롭히는 말이 쉴 새 없이 마치 가래를 뱉는 것처럼 터져 나옵니다. 그리고 그 눈 역시 좋은 것을 보지 않고 나쁜 점만 보게 됩니다.

3. 바로 서고, 바로 살아야 합니다

27절을 보면 **"좌로나 우로나 치우치지 말고 네 발을 악에서 떠나게 하라"**고 했습니다. 하나님은 여호수아에게도 좌나 우로 치우치지 말라고 했습니다.

자전거를 타려면 중심을 잡아야 합니다. 줄을 타는 사람도 중심만 잡으면 줄에서 떨어지지 않습니다. 그러나 중심을 잡지 못하면 넘어지고 떨어집니다. 그것은 인생살이나 신앙생활의 경우도 마찬가지입니다. 높은 줄에서 떨어지지 않는 비결은 두 가지입니다. 중심을 잡고 앞을 바라보아야 합니다. 신앙생활도 중심을 잡고 앞을 바라보아야 타락하지 않고 건강하게 됩니다.

빌립보서 3장 14절에, **"푯대를 향하여 그리스도 예수 안에서 하나님이 위에서 부르신 부름의 상을 위하여 달려가노라."**고 했습니다. 영혼이 건강한 삶을 유지하고 지속하는 비결은 간단합니다. 예수님을 향하여 앞만 바라보고 전진하는 것입니다.

십자가 높이 달리신 예수님을 바라보고, 예수님 중심으로 살면 영혼의 전염병이 만연된 세상에 살아도 전염되거나 쓰러지지 않게 되는 것입니다. 예수 중심으로 살고, 예수 바라보면서 건강하게 살아갑시다.

말씀을 생각하며

1. 오늘의 말씀의 요점을 간단히 요약해 봅시다.

_____

_____

_____

_____

2. 오늘 말씀에서 본 받아야 할 기도의 자세는 무엇입니까?

_____

_____

_____

_____

한 주간의 기도제목

나	
가정	
교회	

제35과
파수꾼의 책임을 다하라

에스겔 33:10-11
찬송 : 352, 353

"너는 그들에게 말하라 주 여호와의 말씀이니라 나의 삶을 두고 맹세하노니 나는
악인이 죽는 것을 기뻐하지 아니하고 악인이 그의 길에서 돌이켜 그 악에서 떠나
사는 것을 기뻐하노라 이스라엘 족속아 돌이키고 돌이키라 너희 악한 길에서
떠나라 어찌 죽고자 하느냐 하셨다 하라" (겔 33:11)

파수꾼은 높은 망대 위에 올라가 사방을 살펴야 합니다. 만일 적군이 다
가오는 것을 발견하게 되면 나팔을 불어야 합니다. 만일 파수꾼이 졸거나
딴 짓을 하느라 나팔을 미처 불지 못해 적군의 기습공격을 받게 되면 그는
그 책임 때문에 사형을 받아야 합니다. 우리는 본문에서 몇 가지 교훈을 찾
을 수 있습니다.

1. 파수꾼은 선택받은 사람입니다

2절을 보면 **"그 땅 백성이 자기들 가운데의 하나를 택하여 파수꾼을 삼았
다"**고 했고 7절을 보면 **"내가 너를 이스라엘 족속의 파수꾼으로 삼음이 이
와 같으니라"**고 했습니다. 높은 성루에 올라가 파수를 서는 사람은 특별히
뽑혔거나 지정된 사람입니다.

하나님은 에스겔을 이스라엘의 파수꾼으로 뽑으셨습니다. 그것은 그만한
책임이 있다는 것입니다. 선택은 영광입니다만 영광보다 더 무거운 책임이
있는 것입니다. 수만 명의 축구선수 가운데서 국가 대표팀으로 뽑히는 것은
축구인의 최고 영광입니다. 그런가하면 대표선수는 한국의 영예를 책임지고
있기 때문에 정신적 부담이 이루 말할 수 없습니다. 그러기에 운동장에 나
서면 사력을 다해 싸우는 것입니다.

성경은 우리 그리스도인을 선택된 사람이라고 말씀합니다. 하나님의 자녀로 선택해 주셨고, 그 가운데서 다시 하나님의 일꾼으로 선택해 주셨습니다. 그만큼 선택된 사람들은 책임이 큰 것입니다.

2. 파수꾼은 경고의 책임이 있습니다

3절을 보면 **"그 땅에 칼이 임함을 보고 나팔을 불어 백성에게 경고하되"** 라고 했고 **7절**을 보면 **"너는 내 입의 말을 듣고 나를 대신하여 그들에게 경고할지어다"** 라고 했습니다.

여기 경고의 책임에 대한 원리가 제시되고 있습니다.

첫째는 제대로 경고해야 합니다. **"너는 내 입의 말을 듣고 경고하라"** 고 했습니다. 개 발자국 소리를 듣고 나팔을 불어댄다면 큰일입니다. 바람에 나무 가지가 흔들리는 소리를 적군의 기습으로 알고 나팔을 불어도 큰 일 납니다. 제대로 들어야 합니다.

92년 10월 28일 휴거 소동은 귀신이 속삭거리는 소리를 하나님의 소리로 잘못 듣고 나팔을 불어댔던 사건이었습니다. 지금도 마귀는 파수꾼에게 시시때때로 이상한 환청, 환음, 환상을 들려주거나 보여 주면서 교란작전을 펴고 있습니다. 계시인양 위장하기도 하고, 진리인양 포장을 해서 파수꾼의 정신을 어지럽게 만듭니다. 그러기에 파수꾼은 "내 입의 말을 듣고"라야 합니다.

하나님은 우리에게 성경 66권을 통하여 말씀하십니다. 성경 외에 다른 그 어떤 것도 하나님의 말씀이 될 수 없습니다. 파수꾼이 되려면 제대로 들어야 합니다. 정신을 차리고 귀 기울여 들어야 합니다.

하나님의 말씀은 세미하게 들릴 때가 있기 때문에 귀 기울이고 정신 차리지 않으면 안 들립니다. 시끄럽고 복잡하면 하나님의 음성이 들리지 않습니다.

둘째는 하나님을 대신하여 경고하는 것입니다. **7절** 셋째 줄을 보면 "**나를 대신하여 그들에게 경고할지어다**" 라고 했습니다. 하나님은 파수꾼을 통하여 경고하신다는 것입니다. 즉 파수꾼에게 미리 알려서 경고하게 하시는 것입니다.

제아무리 인격이 고매하고 공부를 많이 하고 인물이 출중해도 소리를 전달하지 못하는 파수꾼은 존재가치가 없습니다. 우리는 하나님을 대신하여 경고의 소리를 발해야 합니다. 파수꾼은 들은 대로 받은 대로 본대로 전해야 합니다.

3. 파수꾼의 책임은 무겁고 큽니다

시편 127편 1절에, "**여호와께서 집을 세우지 아니하시면 세우는 자의 수고가 헛되며 여호와께서 성을 지키지 아니하시면 파수꾼의 깨어 있음이 헛되도다.**"고 하였습니다.

8절을 보면 "**그 악인은 자기 죄악으로 말미암아 죽으려니와 내가 그의 피를 네 손에서 찾으리라**"고 했습니다. 파수꾼이 파수꾼의 책임을 다 못하면 둘 다 죽게 됩니다. 성 안에 사는 백성도 죽고 파수꾼도 죽게 됩니다. 그리고 혼자 살아남아도 그 책임을 물어 처형하고 맙니다.

사람은 하나님을 경배하며 찬양하기 위해 창조된 피조물입니다. 그런데 그 길을 떠나 죽는 길로 가고 있습니다. 그들을 사는 길로 인도하는 것이 교회가 할일 입니다.

우리는 별로 중요하지 않은 것들 때문에 가장 중요한 일을 소홀히 할 때가 많습니다. 교회는 영혼구원이 중요합니다. 그런데 회의하고, 세미나하고, 결의하고 조직하느라 정력과 시간낭비하고 정작 전도하는 일을 소홀히 한다면 죽은 교회가 되고 마는 것입니다.

말씀을 생각하며

1. 오늘의 말씀의 요점을 간단히 요약해 봅시다.

_____

_____

_____

_____

2. 오늘 말씀에서 본 받아야 할 기도의 자세는 무엇입니까?

_____

_____

_____

_____

한 주간의 기도제목

나	
가정	
교회	

9월

신앙인의 선택

제36과
위기와 기회

이사야 38:1-6, 16-20
찬송 : 521, 426

"히스기야가 얼굴을 벽으로 향하고 여호와께 기도하여 이르되 여호와여 구하오니
내가 주 앞에서 진실과 전심으로 행하며 주의 목전에서 선하게 행한 것을
기억하옵소서 하고 히스기야가 심히 통곡하니" (사 38:2-3)

우리는 인생을 살아가면서 가끔씩 위기에 직면할 때가 있습니다. 인간은 위기를 피해서 살아갈 수는 없습니다. 인간의 힘으로 해결할 수 없는 절박한 위기에 직면했을 때, 우리 그리스도인은 삶의 전환점을 이루어 새로운 중생의 체험을 하게 되는 것입니다. 그러므로 존 프리벤은 "인간의 극한 상황은 곧 하나님의 기회이다(Man's extremity is God's opportunity)."라고 말했습니다.

1. 하나님께 기도하는 기회로 삼았습니다

모든 명예와 권세를 누리던 히스기야 왕이 죽음이라는 엄청난 위기에 직면했을 때에, 그는 속수무책이었을 것입니다. 그러나 그는 절망하지 아니하고 하나님 앞에 엎드려 몸부림치면서 기도했습니다. 삶의 위기를 하나님을 만나는 기회로 삼았습니다. 여러분에게 뜻하지 않은 고난의 위기가 닥쳐왔을 때에 하나님 앞에 나아가 기도하는 기회로 삼아야 합니다.

히스기야 왕은 기도의 응답을 받았던 신앙의 왕이었습니다. 앗수르 연합군이 사마리아를 점령하고 이스라엘을 포위했을 때, 랍사게가 앗수르 왕의 편지를 가지고 왔습니다. 앗수르 왕은 그 편지에서 이스라엘 백성들에게 **"너희는 히스기야 왕을 믿지 말며 너희가 섬기는 여호와 하나님은 너희에게 아무런 도움이 되지 않을 것이라"**고 여호와 하나님을 모독했습니다. 히스기

야 왕은 그 편지를 받고 백성들에게 기도하라고 명령했습니다. 그리고 그는 옷을 찢으면서 여호와의 전에 올라가서 앗수르 왕의 글을 펴들고 하나님 앞에 간절히 기도했습니다.

하나님께서는 히스기야 왕의 간절한 기도를 들으시고 여호와의 군대를 보내셔서 하룻밤 사이에 십팔만 오천 명을 죽이고 승리하는 기적을 베풀어 주셨습니다.

히스기야 왕은 삶의 위기에 직면할 때마다 하나님 앞에 기도하는 기회로 삼았습니다. 삶의 위기에 봉착할 때에, 우리는 하나님 앞에 나와 기도하는 것만이 문제 해결의 길이라는 것을 알아야 할 것입니다.

2. 하나님의 구원의 능력을 체험하는 기회로 삼았습니다

삶의 위기에 봉착할 때에 우리는 구원의 체험을 얻고 지금까지의 크로노스(chronos) 의 시간을 질적으로 다른 카이로스(kairos)의 시간으로 살아가야 할 것입니다. 이것이 그리스도인의 삶입니다.

이사야서 6장에 보면, 웃시야 왕이 죽었을 때 이사야는 나라를 염려하여 성전에 엎드려 하나님 앞에 간절히 기도했습니다. 그 때 이사야는 스랍들 사이에 계신 여호와 하나님을 발견하고 자신이 입술이 부정한 백성 가운데 사는 죄인임을 깨달았습니다. 그 때에 하나님께서 제단 숯불을 취하여 이사야의 입에 대며 죄를 용서해 주셨습니다. 다시 주의 목소리가 들리는데 **"내가 누구를 보내며 누가 우리를 위하여 갈꼬"** (사 6:8) 하실 때 이사야는 **"내가 여기 있나이다. 나를 보내소서"** (사 6:8)라고 하나님의 부르심에 아무런 망설임 없이 대답했습니다. 새로운 소명을 경험하는 변화의 체험을 하게 된 것입니다.

정치적인 위기, 경제적인 위기, 가정의 위기에 부딪힐 때에 우리는 하나님을 만나야 합니다. 부족하고 교만했던 나 자신이 죄인임을 발견해야 합니다. 이것이 이사야의 구원의 체험이었습니다.

오늘 여러분은 삶의 위기에 부딪혔을 때에 예배하고 기도할 만한 신앙의 대상이 있습니까? 여러분의 구원의 길은 준비되어 있습니까? 너무 근시안적으로 현실에만 집착해서 살지는 않습니까? 우리는 생의 위기에서 구원의 길을 걸어갈 수 있는 준비를 갖추는 신앙을 가져야 할 것입니다.

3. 구원을 받은 후 하나님 중심의 삶을 결단했습니다

본문에 보면 **"주께 감사하며 주의 신실을 아버지가 그의 자녀에게 알게 하리이다. 여호와께서 나를 구원하시리니 우리가 종신토록 여호와의 전에서 수금으로 나의 노래를 노래하리이다"** 라고 말씀했습니다. 신앙의 결단이야말로 삶의 에너지가 되며 우리에게 용기를 주시는 것입니다.

탕자의 비유를 보면 작은아들이 자기의 능력과 꿈을 믿고 아버지의 재산을 가지고 먼 나라로 갔습니다. 그러나 실패하고 거지가 되어 아버지 품으로 돌아왔을 때에, 아버지는 그 작은 아들을 맞이해서 그에게 옷을 갈아입히고 가락지를 끼워 주었습니다. 아버지 품에서 살 때만이 참된 행복이 있다는 것을 그가 고백했습니다.

교만에 빠져 고집을 부리며 자기중심적으로 산 적은 없습니까? 만약 그렇다면 우리는 탕자의 운명밖에는 될 수가 없고 결국엔 멸망을 받을 수밖에 없을 것입니다. 그러나 우리가 하나님 중심의 삶으로 결단할 때에는 새로운 삶의 축복과 행복이 찾아오게 되는 것입니다. 이것이 히스기야 왕의 신앙의 고백이며 우리에게 주시는 교훈입니다.

우리는 삶의 위기에 직면할 때마다 하나님을 찾읍시다. 하나님께서는 여러분을 지극히 사랑하셔서 예수님까지도 주시지 않았습니까? 하나님께서는 우리에게 새로운 삶의 기회와 복을 주시고 온전한 하나님의 은총 가운데서 살아가게 하십니다.

말씀을 생각하며

1. 오늘의 말씀의 요점을 간단히 요약해 봅시다.

_____

_____

_____

_____

2. 오늘 말씀에서 본 받아야 할 기도의 자세는 무엇입니까?

_____

_____

_____

_____

한 주간의 기도제목

나	
가정	
교회	

제37과
올바른 선택

사도행전 27:9-11
찬송 ; 429, 427

"여러 날이 걸려 금식하는 절기가 이미 지났으므로 항해하기가 위태한지라
바울이 그들을 권하여 말하되 여러분이여 내가 보니 이번 항해가 하물과 배만
아니라 우리 생명에도 타격과 많은 손해를 끼치리라 하되 백부장이 선장과 선주의
말을 바울의 말보다 더 믿더라" (행 27:9-11)

사람은 살아가면서 이것이냐 저것이냐의 관계에 있어서 둘 중의 하나를
선택해야만 합니다. 오늘날 현대인의 특징은 너무 쉽게 결정해서, 쉽게 선
택하고, 쉽게 포기하며, 쉽게 실패하는 것입니다. 길을 선택해야 하는 데 현
대인들은 너무 자신만만합니다. 우리는 신앙에 있어서 올바른 선택의 기준
을 갖고 하나님이 원하시는 길을 택해야 한다는 것입니다.

1. 신앙보다는 지식을 선택하려는 풍조가 이 시대에 가득합니다

11절에 보면 **"백부장이 선장과 선주의 말을 바울 사도의 말보다 더 믿더
라"** 고 하였습니다. 선장은 바다의 항해에 있어서 만은 남보다 더 많은 경
험과 지식을 갖고 있습니다. 선장은 바다에 대해서는 전문인이었습니다. 백
부장이 바울 사도의 말보다 선장의 말을 더 믿었다는 것은 신앙보다 지식을
선호하는 현대인의 풍조를 대변하는 말입니다. 그러나 이 세상은 하나님보
다 성경 말씀보다 인간의 지식을 앞세우는 시대가 되지 않았습니까?

본문 10절에 보면 **"여러분이여 내가 보니 이번 항해가 하물과 배만 아니라
우리 생명에도 타격과 많은 손해가 있으리라"** 고 바울 사도가 백부장을 권면
하는 말이 나옵니다. 이러한 바울 사도의 권면을 뒤로하고 확실치도 않은

세상 인간의 경험과 유한한 바다의 지식을 가진 선장의 말이 선택되었다는 것은 하나님보다 지식을 앞세우는 세상 풍조를 단적으로 묘사한 것입니다.

세상의 지식이란 시대와 환경과 대상에 따라 변하는 것입니다. 인간이 내세우는 진리는 한 시대가 지나가면 이미 진리가 아닙니다. 그러나 하나님의 말씀은 일점일획이라도 세상이 변할지라도, 역사가 흥하고 망할지라도 변치 않는 말씀입니다.

여러분은 과연 신앙과 말씀과 하나님을 선택하고 나갈 것이냐, 아니면 세상의 유한한 지식, 전문 지식과 같은 것들을 택하여 세상 지식이 요구하는 대로 인생을 살아갈 것이냐를 생각해 보아야 합니다.

2. 신앙보다 물질을 선택하는 풍조가 현대에 너무도 팽배합니다

백부장이 바울 사도의 말보다 선주의 말을 더 믿었다고 했습니다. 선주가 누구입니까? 돈이 많은 사람입니다. 많은 돈을 들여 배를 만들고 선장과 사공들을 고용하여 바다를 건너는 화물선과 여객선의 주인이 선주입니다. 본문의 말씀은 하나님보다 신앙보다 불변하는 말씀보다 물질을 앞세우는 현대의 풍조가 얼마나 위험한 것인가를 보여주고 있습니다.

미국의 캘리포니아에 유명한 허스트 성이 있습니다. 34개 이상의 신문을 발행하는 언론 재벌인 허스트 가의 신문사 사장이 바다가 내려다보이는 150만평의 대지 위에 무려 28년이나 걸려서 호화롭고 웅장한 별장을 지었습니다. 그 속에는 극장, 수영장, 사우나탕, 카지노 등과 미술품, 조각품, 별별 예술품들이 수를 헤아릴 수 없을 정도로 꽉 차 있습니다. 그러나 정작 그 집을 지어 놓은 허스트 씨는 그 별장에서 제대로 살아 보지도 못하고 죽었고, 죽을 때에 너무나 엄청난 세금 때문에 그 성과 모든 재산을 나라에 바쳤습니다.

인간의 행복은 물질로 그 척도를 가름할 수 없습니다. 물질은 여러분의 생을 윤택하게는 할 수 있어도 행복에 대한 문제를 근본적으로 해결해 주지는 못합니다.

3. 소수보다 다수의 힘을 선택하고 신뢰하는 것이 현대의 풍조입니다

백부장에게 이번 항해의 어려움과 불가함을 말하는 사람은 바울 사도 한 사람 밖에 없었습니다. 백부장이 한 사람의 말을 듣겠습니까? 아니면 다수의 말을 듣겠습니까? 결국 소수를 버리고 다수를 택했다가 '유라굴라' 광풍을 만났습니다.

여기서 중요한 것은, 진리란 언제나 다수의 편에 있지 않다는 사실입니다. 빌라도의 오판이 어디에서 생겼습니까? 예수님께 죄가 없다는 것을 자신도 인정을 하면서도 소수의 말을 듣지 않고 다수의 말을 들었다는데 있습니다.

그리스도인은 소수냐 다수냐를 따지는 사람이 아닙니다. 가급적이면 소수보다 다수가 났지만, 그 다수가 비 진리일 경우에는 다수를 버리고 소수인 하나님 앞에 서야 합니다. 오늘 성도 여러분이 다수의 힘을 의지하고 다수의 의견만이 옳은 것으로 생각하고 있다면 여러분은 인본주의자입니다.

정말로 중요한 것은 성경이 무엇이라고 하느냐 입니다. 하나님께서 무엇을 원하시느냐 가 중요한 것입니다. 오늘의 현대인은 다수의 편에 서기를 즐겨 합니다.

하나님을 선택한 사람은 인생의 파고가 밀려와도 요동하지 않고 삽니다. 능력으로 천지를 창조하시고 역사를 주관하시는 하나님께서 당신의 능력의 장중에 우리를 품어서 지켜 주고 계십니다. 그 하나님을 의지하고 사십시오. 하나님을 선택하여 복된 삶이 되기를 원합니다.

말씀을 생각하며

1. 오늘의 말씀의 요점을 간단히 요약해 봅시다.

_____
_____
_____
_____

2. 오늘 말씀에서 본 받아야 할 기도의 자세는 무엇입니까?

_____
_____
_____
_____

한 주간의 기도제목

나	
가정	
교회	

제38과
동서남북을 바라보라

창세기 13:1-18
찬송 : 92, 94

" 네 앞에 온 땅이 있지 아니하냐 나를 떠나가라 네가 좌하면 나는 우하고 네가
우하면 나는 좌하리라" (창 13:9)

창세기 13장은 '선택'이 얼마나 중요한가를 교훈해 줍니다. 아브라함과 조카인 롯은 점점 소유가 많아지면서 함께 살 수 없게 되었습니다. 그리고 양가의 종들과 서로 티격태격 싸우는 것이 잦아지게 되자 큰아버지인 아브라함이 롯에게 주거지 선택권을 주었습니다. 우리는 여기서 롯의 선택과 아브라함의 처신이 주는 교훈을 찾아야 합니다.

1. 롯의 선택

그것은 한 마디로 잘못된 선택이었고 성급한 결단이었습니다. 그는 큰아버지인 아브라함이 "너 먼저 선택하라"고 했을 때 일말의 주저도 없이 선뜻 소돔과 고모라 지역을 선택했습니다. 그곳은 훗날 하나님의 심판으로 멸망하고 말았습니다. 그의 선택이 왜 잘못 되었는가를 찾아보겠습니다.

1) 눈으로 선택했습니다.

10절을 보면 **"롯이 눈을 들어 요단 지역을 바라보았다"**고 했습니다. 눈의 기능은 다양하고 경이적이긴 합니다만 제한적입니다. 전체를 다 보지 못합니다. 가령 배우자를 선택할 때 눈으로만 결정한다면 그 선택은 위험할 수밖에 없습니다. 눈은 색깔, 생김, 크기는 볼 수 있지만 인격이나 사상이나 신앙은 볼 수 없습니다.

창세기 6장 2절을 보면 **"하나님의 아들들이 사람의 딸들의 아름다움을 보고 자기들이 좋아하는 모든 여자를 아내로 삼는지라"**고 했습니다. 신앙도 인

격도 제쳐놓고 눈에 드는 여자, 눈으로 보아서 예쁜 여자들을 아내로 삼았다는 것입니다. 그리고 결국 그것이 타락과 범죄의 원인이 되었고 홍수심판의 원인이 된 것입니다.

창세기 3장 6절을 보면 하와가 뱀의 꼬임에 빠져 선악과를 따먹는 장면이 기록되어 있습니다. **"여자가 그 나무를 본즉 먹음직도 하고 보암직도 하고 지혜롭게 할 만큼 탐스럽기도 한 나무인지라"**고 했습니다. 여기서도 눈이 문제가 됩니다. 눈으로 보고 결단했습니다.

눈이라고 해서 다 눈이 아닙니다. 진리를 보고 주님을 바라보고 영원한 세계를 바라보는 눈이 좋은 눈입니다.

2) 조건을 선택했습니다.

10절을 보면 롯이 눈으로 보고 선택한 곳의 조건이 열거되어 있습니다. 그 조건이란 물이 온 땅에 넉넉했고, 여호와의 동산이었던 에덴동산처럼 아름답고 애굽 땅처럼 비옥했습니다. 중동지방에서 물이 넉넉하고 땅이 비옥하고 아름답다면 더 바랄 것이 없는 조건입니다. 롯은 바로 그 조건을 선택한 것입니다. 그러나 롯은 조건이나 환경보다 더 중요한 것이 있다는 것을 깨닫지 못했습니다.

롯이 선택했던 소돔과 고모라의 경우 물이 넉넉한 만큼 죄도 넉넉했습니다. 먹거리 볼거리가 많은 것만큼 타락과 범죄도 많았습니다. 그래서 결국 유황불로 멸망을 당한 것입니다. 이 사건은 돈만 있으면 만사가 형통이라는 사람들과, 환경문제만 해결되면 지상은 낙원이 될 것이라고 믿는 사람들에게 크나큰 경종을 울려줍니다.

2. 아브라함의 선택

1) 말씀을 순종했습니다.

그는 선택을 자신의 의지나 판단으로 않고 하나님의 계시에 의존했습니다. 다시 말하면 떠나라면 떠나고, 머물라면 머물고, 바치라면 바쳤습니다.

창세기 12장 1-4절을 보면 하란을 떠나라는 말씀 한마디에 즉시 고향을 떠났습니다. 창세기 14장 20절을 보면 즉석에서 십일조를 드렸습니다. 창세기 22장을 보면 외아들 이삭을 하나님께 번제로 바쳤습니다. 그는 눈으로 보고 머리로 생각하고 이해득실을 따져가며 판단하지 않았습니다. 그리고 자기 멋대로 선택을 하지 않았습니다. 말씀을 순종했고, 그 뜻을 따라 모든 것을 결정했습니다.

2) 하나님을 선택했습니다.

아브라함의 신앙은 하나님이 주시는 복이나 조건들을 선택한 것이 아니라 하나님 자신을 선택했습니다. 이 신앙이 바로 성숙한 신앙입니다. 환경이 나빠지고 조건이 악화되고 난관이 앞을 가로 막는다고 하더라도 하나님을 주님으로 선택한 사람은 원망하거나 쓰러지지 않습니다. 그러나 롯과 같은 사람은 조건이 나빠지고 환경이 불리해지면 금방 신앙을 포기하고 하나님을 떠납니다.

3. 아브라함이 받은 복

혈육인 롯과 환경과 조건이 아브람을 떠난 뒤 하나님이 아브람에게 다가오셨습니다. 눈에 보이는 조건들은 그를 떠났지만, 그 조건들을 다스리고 만드시는 하나님이 그에게 오셔서 복을 주셨습니다. **"이 땅을 너와 네 자손에게 주리라."** **"네 자손을 땅의 티끌 같게 하리라"**고 하셨습니다.

하나님을 선택하고 하나님께 자신을 맞췄던 아브라함은 땅도 받았고, 건강도 받았고, 아들도 받았습니다. 그리고 신령한 복도 받아서 예수 그리스도가 그 가문에서 태어났습니다.

눈에 보이는 조건 때문에 흔들리지 말고, 환경이 변했다고 원망하지 맙시다. 조건만 바라보고 조건만 따르다가 예수님을 버리지 맙시다. 조건이나 환경은 사라져도 예수님은 영원히 나와 함께 하신다는 것을 확신합시다.

말씀을 생각하며

1. 오늘의 말씀의 요점을 간단히 요약해 봅시다.

_____

_____

_____

_____

2. 오늘 말씀에서 본 받아야 할 기도의 자세는 무엇입니까?

_____

_____

_____

_____

한 주간의 기도제목

나	
가정	
교회	

제39과
전진합시다

히브리서 10:35-39
찬송 : 357, 359

"나의 의인은 믿음으로 말미암아 살리라 또한 뒤로 물러가면 내 마음이 그를 기뻐하지 아니하리라 하셨느니라. 우리는 뒤로 물러가 멸망할 자가 아니요 오직 영혼을 구원함에 이르는 믿음을 가진 자니라" (히 10:38-39)

본문은 고통당하는 그리스도인들에게 그들이 지녀야 할 신앙생활의 태도가 어떤 것이어야 하는가를 교훈한 말씀입니다. 특히 뒤로 물러가서는 안 된다는 것을 강조하고 있습니다. 고통이나 실패나 박해 같은 여건들이 그리스도인의 신앙생활을 위협하더라도 그런 것들 때문에 뒤로 물러서면 안 된다는 것입니다.

1. 담대해야 상을 받습니다

35절을 보면 **"그러므로 너희 담대함을 버리지 말라 이것이 큰 상을 얻게 하느니라"**고 했습니다. 당시 기독교인들이 예수 믿는다는 이유 하나 때문에 옥에 갇히고 재산을 빼앗기고 직장에서 쫓겨나는 일들이 있었습니다. 그러나 그런 것들 때문에 용기를 잃어버리거나 믿음을 포기해 버리면 상을 얻지 못한다는 것입니다.

히브리서 11장 6절을 보면 **"믿음이 없이는 하나님을 기쁘시게 못하나니 하나님께 나아가는 자는 반드시 그가 계신 것과 또한 그가 자기를 찾는 자들에게 상 주시는 이심을 믿어야 할지니라"**고 했습니다. 담대한 믿음으로 하나님을 찾고, 하나님께 나아가기를 힘쓰는 사람들에게 상을 주신다는 것입니다.

시험이나 실패가 있을 수 있습니다. 그러나 그런 것들을 담대한 믿음으로 이기면 상이 임한다는 것입니다. 용기와 인내로 자신의 믿음을 지킨 사람들이 받는 상은 하나님이 주십니다. 노벨상이나 올림픽상은 지상에서만 그 가치와 영예가 인정되는 상입니다. 그러나 하나님이 주시는 상은 영원한 상입니다. 그 영광과 가치가 영원히 인정되고 평가받는 상입니다. 영원한 상이란 없어지지 않는 상, 녹슬지 않는 상, 그 가치가 영원히 존속되는 상인 것입니다.

2. 인내해야 약속을 이룹니다

36절을 보면 **"너희에게 인내가 필요함은 너희가 하나님의 뜻을 행한 후에 약속하신 것을 받기 위함이라"**고 했습니다. 인내는 그리스도인이 지녀야 할 가장 소중한 품성입니다. 나아가 인간이 지녀야 할 품성이기도 합니다.

이태리가 낳은 세계적인 바이얼리니스트 니꼴로 파가니니(Niccolo Paganini)가 어느 날 연주를 하고 있었습니다. 그런데 연주도중 바이얼린 줄 하나가 끊어졌습니다. 숨을 죽이고 있던 청중들은 깜짝 놀랐습니다. 그는 조금도 당황하지 않고 남은 세 줄로 연주를 계속했습니다. 그러다가 한 줄이 또 끊어졌습니다. 그러나 그는 당황하지 않고 침착하게 두 줄로 연주를 계속했습니다. 그때 세 번째 줄이 날카로운 소리를 내며 끊어졌습니다. 그는 잠시 연주를 멈추더니 한 손으로 바이올린을 높이 치켜들며 "줄 하나와 파가니니"라고 외쳤습니다. 그리고는 다시 노련한 솜씨로 연주를 했습니다.

세 줄이 끊어지고 단 한 줄만 남았더라도 그 한 줄을 믿고 성공적으로 연주해 낼 수 있는 용기와 인내가 필요한 것입니다.

암놈 펭귄이 알을 낳으면 숫놈 펭귄이 날개로 덮고 따뜻하게 하여 새끼가 나오게 한다고 합니다. 최소한 두 달 동안 먹지도 않고 영하 40도의 한냉과 싸우며 시속 40km의 강풍을 견뎌 낸다는 것입니다.

신앙인의 인내도 예외가 아닙니다. 참을성도 없고, 기다릴 줄도 모릅니다.

조그만 괴로워도 짜증내고, 약간만 고통스러워도 신경질을 내는가 하면 쉽게 절망하고 포기해 버립니다.

고통이나 좌절로 아픔을 겪을 때 실패나 절망으로 괴로움을 당할 때 우리가 붙잡을 것은 무엇입니까? 그것은 예수 그리스도의 십자가입니다. 그 십자가를 붙들 때 우리에게 평화와 위로와 소망과 승리가 임하기 때문입니다.

3. 전진해야 기뻐하십니다

이스라엘 민족이 애굽을 떠나 40년 만에 가나안 땅에 도착했습니다. 참으로 지루하고 험난한 여정이었습니다. 그래서 그들은 떠났던 애굽으로 되돌아가자고 대들었고 소리쳤습니다(출 14:12). 신광야에 이른 그들이 광야에서 굶어 죽는 것보다는 애굽의 고기 가마 곁에서 실컷 먹다가 하나님의 손에 편히 죽는 것이 좋을 뻔했다고 원망합니다(출 16:3).

그들은 전진에는 관심이 없고 되돌아가는 궁리에 바빴습니다.

세 종류의 사람이 있습니다. 하나는 과거 지향적인 사람입니다. 늘 옛날 생각하고 말하는 사람, 지난날의 향수와 미련에 사로잡혀 사는 사람을 말합니다. 둘째는 현실주의자들입니다. 오늘 여기가 제일인 사람들입니다. 이들에게 과거가 필요 없듯이 미래도 필요 없습니다. 이들은 수단과 한탕주의와 단발적인 삶에 만족하고 현실을 엔조이하는 사람들입니다. 셋째는 미래지향적인 사람들입니다. 다시 말하면 뒤로 물러서지 않고 전진하는 사람들입니다.

우리의 최종 목적지는 영원한 가나안입니다. 되돌아가면 목적지에 못갑니다. 주님 바라보고 전진합시다. 주님이 최종 목표이며 영원한 세계가 최종 목적지입니다. 계속 전진하는 신앙인이 되기를 바랍니다.

말씀을 생각하며

1. 오늘의 말씀의 요점을 간단히 요약해 봅시다.

_____

_____

_____

2. 오늘 말씀에서 본 받아야 할 기도의 자세는 무엇입니까?

_____

_____

_____

_____

한 주간의 기도제목

나	
가정	
교회	

10월

건강한 교회

제40과
건강한 교회

에베소서 4:11-12
찬송 : 208, 210

"그가 어떤 사람은 사도로, 어떤 사람은 선지자로, 어떤 사람은 복음 전하는 자로, 어떤 사람은 목사와 교사로 주셨으니, 이는 성도를 온전케 하며 봉사의 일을 하게 하며 그리스도의 몸을 세우려 하심이라"(엡 4:11-12)

오늘 본문에서 교회의 머리되신 주님께서 목사와 교사와 다른 직분자들을 세우신 목적은 그들의 봉사로 인하여 모든 하나님의 백성들을 무장시켜서 봉사의 일을 하게하며, 그리스도의 몸을 세우는 일에 있다고 하였습니다.

그러면 건강한 교회를 만들기 위해서는 어떻게 하여야 합니까?

첫째, 각각 은사의 다름을 존중할 수 있어야 합니다

우리는 사람들을 만날 때마다 사람들의 외적 조건에 따라 나보다 나은 사람과 못한 사람 등의 평가를 하기 좋아합니다. 그러나 우리가 진정한 공동체를 형성하고 팀 사역을 하기 위해선 무엇보다 사람들을 성경적 방식으로 바라보는 연습이 필요합니다. 그것은 '은사에 따라 사람 바라보기'라고 할 수 있습니다. 곧 우리는 하나님께로부터 각기 다른 은사를 받은 사람들이라는 의식입니다.

오늘 본문에서 바울 사도는 교회 지도자들도 서로 다양한 다른 은사를 주셨다는 것을 먼저 강조합니다. 교회 리더의 역할은 성도를 온전케 하고, 봉사의 일을 하게하고, 몸을 세우는 일입니다. 그리고 그 일의 주체가 성도들이라는 사실입니다.

성도들이 목회하는 것을 돕는 것이 아니라 목회자가 성도들이 사역을 잘할 수 있도록 돕는 것입니다. 이런 성경적 의식전환과 역할의 제자리 찾기가 이루어질 때 건강한 교회의 팀 사역이 시작될 수 있다고 생각합니다.

둘째, 은사의 목적을 이해할 수 있어야 합니다

전통이 이끌어 가는 교회도 있고, 헌법이 이끌어 가는 교회도 있고, 위원회가 이끌어 가는 교회, 목사가 이끌어 가는 교회, 장로가 이끌어 가는 교회도 있지만, 건강한 교회는 목적이 이끌어 가는 교회가 되어야 한다고 그는 주장합니다. 그러나 목적을 망각하면 공동체는 방황할 수밖에 없고 비본질적인 것이 교회를 지배하게 됩니다. 우리가 교회를 섬길 때에 잊지 말아야 할 것은 섬김의 목적이라고 할 수 있습니다.

우리의 봉사의 궁극적인 목적은 그리스도의 몸을 세우는 것입니다. 그리스도의 몸을 세운다는 것은, 우리를 구원하신 예수 그리스도의 성숙한 인격을 닮아 가는 것입니다. 즉, 그리스도의 몸을 세운다는 말은 그리스도 안에 있는 한 사람 한 사람의 인격이 성숙하도록 돕는 것입니다. 그리스도인 한 사람 한 사람의 변화가 바로 세상을 변화시키는 방법인 것입니다.

우리가 섬길 것은 일이 아닌 사람을 섬겨야 하기 때문에, 우리에게 주어진 은사로 이웃을 어떻게 유익 되게 할 것인가를 질문해야 합니다. 그래서 우리가 섬기는 이들이 주님 더 사랑하고 주님을 더 닮아 가는 사람이 되도록 섬겨야 합니다.

셋째, 은사를 균형 있게 사용해야만 합니다

건강한 교회는 사역의 두 가지 섬김의 방편에 균형이 있어야 합니다. 이두 가지 방편은 진리와 사랑입니다. 진리 없는 사랑은 감상적인 사랑이 될수밖에 없습니다. 반면에 사랑이 없는 진리는 결코 상대방을 감화시킬 수 없습니다.

우리가 섬기는 사람들이 진리 안에서 흔들리지 않고 견고하게 설 수 있도록 세워야 합니다. 우리가 지도자로서 바르게 섬기려면 무엇보다 이 말씀을 연구하기를 게을리 말아야 합니다. 우리는 말씀으로 이웃을 섬겨야 하기 때문입니다.

바울 사도는 에서 사랑의 균형을 강조합니다. **"사랑 안에서 참된 것을 하라"** 고 말합니다. 사랑 없이는 어떤 사역도 열매 맺기를 기대할 수 없습니다.

교인들 가운데 이단에 빠지는 이들을 보면 교회생활에서 소외되었던 사람들이 대부분 이단이 가르친 진리 때문에 이단으로 간 것이 아니라 이단 단체에 가보니까 그들이 찾던 사랑이 거기에 있었던 것입니다. 사실 우리가 아직 성경을 조금 몰라도 사랑이 있다면 사람을 세우는 사역이 얼마든지 가능하다고 믿습니다.

우리가 정말 한 번 우리의 이웃을 사랑하기로 결심한다면 우리의 사랑은 우리의 이웃을 치유하게 될 것이고, 그리고 우리를 통해 민족이 치유되고 세상이 변화됨을 볼 것입니다.

우리는 그리스도를 떠나서는 온전한 사람일 수 없습니다. 우리가 그리스도에게 연결되어 있고 그 안에 있을 때만 온전한 사람이 될 수 있습니다. 그리고 온 교회가 연합하여 하나가 되어야 건강한 교회가 됩니다.

그러기 위하여 우리 교회 성도들은 가르침을 받고 훈련을 받아 온전한 그리스도인이 되어야 합니다. 그리고 주의 몸 된 교회를 자라게 하고 세우는 일에 힘써야 합니다.

말씀을 생각하며

1. 오늘의 말씀의 요점을 간단히 요약해 봅시다.

_____

_____

_____

_____

2. 오늘 말씀에서 본 받아야 할 기도의 자세는 무엇입니까?

_____

_____

_____

_____

한 주간의 기도제목

나	
가정	
교회	

제41과
날마다 더해지는 교회

사도행전 2:42-47
찬송 : 497, 501

"날마다 마음을 같이 하여 성전에 모이기를 힘쓰고 집에서 떡을 떼며 기쁨과 순전한 마음으로 음식을 먹고 하나님을 찬미하며 또 온 백성에게 칭송을 받으니 주께서 구원받는 사람을 날마다 더하게 하시니라." (행 2:46-47)

하나님께서 교회를 세우신 목적은 하나님께 영광을 돌리는 데 있습니다. 우리가 드리는 예배, 찬양과 감사의 예물들, 그리고 기도와 헌신, 이런 모든 것을 통해서 하나님은 영광을 받으시기 원하시는 것입니다.

오늘 읽은 말씀에서 예루살렘 교회의 날마다 구원받는 교회가 되는 다섯 가지 요소를 생각하면서, 우리 교회도 그렇게 되기를 원합니다.

1. 사도들의 가르침이 있었습니다

42절에 보면, **"그들이 사도의 가르침을 받아 서로 교제하고 떡을 떼며 오로지 기도하기를 힘쓰니라"**고 했습니다. 예루살렘 교회는 예수 그리스도가 부활하신 주님이라고 날마다 가르치기를 힘썼습니다. 교회는 예수 그리스도께서 가르쳐 지키게 하라는 말씀을 가르치고 지키게 하는 학교입니다. 지식만 전달하는 것으로 끝나는 것이 아니라, 주님의 명령을 지키는 자를 양성하는 학교인 것입니다.

여러분! 하나님의 말씀을 한 가지 한 가지 지키시기를 바랍니다. 하나님의 말씀을 가르쳐 지키게 하는 것이 우리 주님의 요구 사항입니다. 여러분들은 가정이나 직장이나 개인 삶 속에서 하나님의 말씀을 지키는 자들이 되기를 바랍니다.

말씀을 가르치는 교회, 가르쳐 지키게 하는 교회가 부흥되는 교회이고, 하나님의 마음에 합한 교회이고, 좋은 교회이고, 모범이 되는 교회입니다.

2. 성도의 교제가 있는 교회입니다

교제라고 하는 것은 코이노니아라고 하는데, 가진 것을 나눈다는 뜻이 있습니다. 우리 교회는 하나님의 구원의 은혜를 나누는 모임입니다. 하나님의 주시는 말씀의 은혜를 나누는 공동체입니다. 하나님이 주신 축복을 나누는 공동체입니다.

초대 예루살렘 교회의 부흥 원인은, 함께 있고 함께 기도하고 함께 물건을 나누고 함께 식사하고 함께 모이기를 힘썼기 때문입니다.

교회에 모이기는 모이는데 어떤 형편인지 서로 모르는 교회가 되면 안됩니다. 마치 벽돌을 산더미같이 쌓아 놓았지만, 집으로 쌓아놓지 않은 벽돌은 도적이 도적질해 갈 수 있다는 비유와 같습니다.

일 만 명이 모였어도 사랑의 끈끈한 정으로 서로 돌아보고, 서로 형편과 사정을 알아서 눈물을 흘려 기도하고, 간절한 사랑의 교제와 나눔이 없는 교회는 흩어지기가 쉽습니다. 그러나 한 사람이라도 자기 형편에 대해서 얘기하고, 서로 돌아보는 사랑의 교제가 있는 교회는 부흥이 될 것입니다.

3. 기도하기를 전혀 힘쓰는 교회입니다

예루살렘교회는 전혀 기도하기를 힘썼다고 했습니다. 그들은 기도가 일상적인 일이었습니다. 다락방에 모여서 기도했고, 성전에 모여서 기도했으며, 각 집에 모여서 기도했습니다.

예루살렘 교회는 베드로가 갇혔다는 소식을 듣고 문을 닫아걸고 하나님께 간절히 기도했을 때, 하나님께서 천사를 보내서 감옥에 갇힌 베드로를 깨워 그들에게 보내 주셨던 기적을 체험했습니다.

서로의 문제를 내놓고 서로를 위하여 간절히 기도하여 하나님의 은혜와 사랑과 능력과 기적을 체험하는 교회가 되기를 바랍니다.

4. 하나님을 두려워함과 찬양이 있는 교회입니다

43절에 보면, 하나님의 임재와 하나님의 역사하심에 대한 두려움이 나타납니다. **47절**에는 하나님을 찬미했다고 했습니다. 이것은 하나님의 기도응답에 대한 감사와 찬양입니다. 우리 교회도 살아있는 간증과, 살아 계신 하나님께 대한 경배와 찬양이 있는 교회가 되어야 합니다.

살아있는 교회는 찬양하는 교회입니다. 영적인 운동이 일어나는 교회는 찬양이 살아있는 교회입니다. 부흥하는 교회는 찬양이 넘치는 교회입니다. 영적으로 침체되어 있는 심령들은 찬양을 하시기 바랍니다. 찬양 받으시는 하나님이 여러분에게 새 힘과 용기를 주실 것입니다.

그리고 여러분들이 어떠한 어려움이 있어도 나의 찬양과 기도를 받으신다고 하는 확신을 가지고 찬양하기를 바랍니다. 하나님은 여러분의 찬양을 통해서 영광을 받으시고, 여러분들을 복 주시기를 원하십니다.

사도의 가르침, 사랑의 교제, 기도에 전념하고, 하나님을 경외하는 가운데 살아있는 찬양을 드리고, 여러분들이 가지고 있는 것을 나누어주면서, 동네 사람들에게 칭송을 받는 교회가 될 때, 하나님께서 구원받는 사람을 날마다 더하게 하실 것입니다. 하나님의 도우시는 은혜로 날마다 구원받는 사람이 더해지는 교회가 되기를 원합니다.

말씀을 생각하며

1. 오늘의 말씀의 요점을 간단히 요약해 봅시다.

_____

_____

_____

_____

2. 오늘 말씀에서 본 받아야 할 기도의 자세는 무엇입니까?

_____

_____

_____

_____

한 주간의 기도제목

나	
가정	
교회	

제42과
최선을 다하는 교회

디모데후서 4:1-7
찬송 : 347, 360

"내는 선한 싸움을 싸우고 나의 달려갈 길을 마치고 믿음을 지켰으니"
(딤후 4:7)

최선을 다하는 사람만 최상의 영광을 누릴 수 있고, 최선에 대하여 말할 수 있습니다. 우리는 그 사실을 바울사도의 삶을 통해 발견하게 됩니다. 작은 것을 소홀히 취급하는 사람은 큰 것에도 소홀하기 마련입니다. 그러나 작은 일에 최선을 다하는 사람은 큰일에도 최선을 다하는 것입니다.

1. 그리스도의 일꾼이기 때문입니다

본래 일꾼이라는 말의 의미는 배 밑창에서 비지땀을 흘리며 노를 젓는 사람을 뜻합니다. 북소리에 맞춰 줄지어 앉은 채 노를 젓는 사람을 가리켜 일군이라고 불렀습니다. 비지땀을 흘리며 노를 젓는 동안 한눈을 팔거나 딴전을 피우며 꾀를 부리는 노예가 발견되면 감시원의 가죽 채찍이 날아옵니다.

우리는 그리스도의 일꾼입니다. 한눈을 팔아도 안 되고, 딴전을 피워도 안 되고, 꾀를 부려도 안 되고, 핑계를 댈 수도 없습니다. 뒷줄은 힘드니까 앞줄로 가겠다든지, 기분 나쁘니까 쉬다가 하겠다느니 불평도 핑계도 통하지 않습니다.

북소리의 리듬에 맞춰 노를 젓기만 하면 됩니다. 배가 어느 방향으로 가는지 목적지가 어딘지에 관한 것은 선장이 결정하는 것입니다.

우리는 지금 하나님의 밭에서 일을 하고 있는 농부이며, 하나님의 배에서 노를 젓는 노예이며, 하나님의 논에서 모를 내는 일꾼입니다. 일꾼의 할 일은 열심히 일하는 것입니다.

2. 하나님의 비밀을 맡은 자이기 때문입니다

여기서 말하는 '맡은 자'라는 것은 관리자, 청지기라는 것입니다. 본래 뜻은 '집을 관리하는 자'라는 것입니다.

하나님의 비밀을 맡은 자라면 얼마나 신임이 두터우며 그 책임이 중요합니까? 미국 대통령 곁을 그림자처럼 따라 다니는 사람 가운데 검은 가방을 든 사나이가 있습니다. 그 검은 가방은 만일의 돌발사태에 대처할 대통령의 결정에 관한 장치가 장착되어 있는 중요한 것입니다.

그 가방을 아무에게나 맡길 수 있겠습니까? 심복도 가장 신임하는 심복에게 맡길 것입니다. 왜 하나님이 우리에게 하나님의 비밀스런 사명을 맡겼겠습니까? 믿고 신임하고 인정했기 때문입니다. 그러니까 하나님이 맡기신 일을 소홀히 취급하는 것은 그 일을 맡기신 하나님을 소홀히 취급하고 과소평가하는 것입니다.

우리는 하나님의 구원의 비밀, 복 받는 비밀, 영원한 생명의 비밀, 천국 가는 비밀을 맡은 사람들입니다. 그 비밀을 알리고 전하는 청지기 노릇을 잘해야 합니다.

3. 심판이 있기 때문입니다

고린도전서 3장 13절을 보면 **"각 사람의 공적이 나타날 터인데 그 날이 공적을 밝히리니"** 라고 했고, 4장 4절에 보면 **"나를 판단하실 이는 주시니라"** 고 했습니다.

기독교는 창조론과 종말론을 가진 종교입니다. 창조론이란 하나님이 천지를 창조하셨다는 것이고 종말론이란 이 세상의 종말이 하나님의 심판으로 끝난다는 것입니다. 그리고 영원한 세계가 영속된다는 것입니다.

"맡은 자들에게 구할 것은 충성이니라" 는 말씀을 주목해야 합니다. 이 말씀은 일꾼과 맡은 자들에게 요구하는 자격조건이 무엇인가를 설명해 줍니다. 하나님께서 요구하시는 조건은 학벌도, 가문도, 미모도, 경력도 아닙니다. 충성입니다. 다른 조건들은 충성하는데 필요한 것들이지 충성보다 그것들이 더 중요한 것은 아닙니다.

예수님 당시 제자들의 경우를 살펴봅시다. 베드로보다 훨씬 더 사회경험이나 가문이나 학벌이 출중한 사람이 얼마든지 있었습니다만, 베드로를 선택하신 것은 그의 충성심 때문이었습니다. 결국 베드로는 예수님을 위해 십자가를 지는 순교의 잔을 마셨습니다.

바울의 경우도 마찬가지입니다. 그는 **디모데전서 1장 12절**에서 **"나를 능하게 하신 그리스도 예수 우리 주께 내가 감사함은 나를 충성되이 여겨 내게 직분을 맡기심이니"** 라고 했습니다.

내 가문 때문에, 내 학벌 때문에, 내 경험 때문에 라고 말하지 않고 **"나를 충성되이 여겨"** 라고 했습니다.

지금도 하나님이 우리에게 요구하시고 꾸짖고 계시는 부분이 있습니다. 그것은 왜 공부하지 않느냐, 왜 경험이 적으냐가 아닙니다. 왜 최선을 다하지 않느냐는 것입니다.

바울은 최선을 다한 주의 종이었습니다. 본문 **4장 4절**에 **"자책할 일이 없다"** 라고 했습니다. 그리고 그는 **"하나님께로부터 칭찬이 있으리라"** 고 했습니다. 최선을 다한 사람에게 주시는 하나님의 상급을 바라본 것입니다.

하나님이 맡기신 일에 최선을 다합시다. 내가 맡은 모든 일에 최선을 다합시다. 지금 이 순간 내가 하나님 앞에 서 있다는 믿음으로 최선을 다합시다. 하나님이 지켜보고 계신다는 믿음으로 최선을 다합시다. 하나님이 지켜보시는 앞에서 꾀를 부릴 순 없지 않습니까?

말씀을 생각하며

1. 오늘의 말씀의 요점을 간단히 요약해 봅시다.

_____

_____

_____

_____

2. 오늘 말씀에서 본 받아야 할 기도의 자세는 무엇입니까?

_____

_____

_____

_____

한 주간의 기도제목

나	
가정	
교회	

제43과
성령 충만한 교회

에베소서 5:15-21
찬송 : 184, 185

"술 취하지 말라 이는 방탕한 것이니 오직 성령으로 충만함을 받으라" (엡 5:18)

'보혜사'는 우리 옆에 항상 계셔서 우리에게 지혜를 주시고 진리를 깨닫게 하시며, 하나님의 기뻐하시는 뜻을 따라 살게 하시며, 힘과 능력을 주시어 자신과 죄악의 세력을 이기게 하시는 것입니다. 뿐만 아니라 우리에게 그리스도의 사랑과 은혜를 깨닫게 하셔서 이웃을 사랑할 수 있는 마음을 열어주시는 것입니다.

1. 술 취한 사람처럼 방탕한 생활을 하지 않습니다

초대교회의 일곱 집사들은 성령이 충만하였습니다. 그리하여 이러한 사람들을 집사의 직무를 맡아 봉사하도록 하였는데 그들은 하나같이 자기가 맡은 책임에 충실하였을 뿐만 아니라 주의 일을 위해서 생명을 걸고 일하였습니다.

갈라디아서 5장 22-23절에 보면 성령으로 충만한 자의 열매를 말하고 있습니다. 거기에 보면 **"오직 성령의 열매는 사랑과 희락과 화평과 오래 참음과 자비와 양선과 충성과 온유와 절제니 이같은 것을 금지할 법이 없느니라"** 고 하였습니다.

성령의 충만함을 받으면 미워하던 사람이 사랑하는 사람이 됩니다. 근심과 걱정으로 어둡던 얼굴이 희락과 기쁨으로 밝아지게 되는 것입니다. 불평하고 원망하여 사람들을 이간하며, 사람들의 마음을 나누어놓던 자가 변하여 화평케 하며 하나 되게 하는 일에 힘쓰는 것입니다. 그리고 힘들고 어렵고 불평할 수밖에 없는 처지에서도 참고 인내하며 겸손한 마음으로 끝까지 충성을 다합니다. 그러므로 하나님 앞에 인정받고 모든 성도들에게 존경받는 일군이 되기 위해서는 반드시 성령의 충만함을 받아야 합니다.

2. 기쁨과 감사와 찬송의 생활이 넘치는 것입니다

성도들의 찬송하는 것을 보아서 성령의 충만한 모습을 볼 수가 있습니다. 노래를 잘 부르고 못 부르는 것이 문제가 아닙니다. 목청이 좋던 나쁘던 상관이 없습니다. 찬송은 목청으로만 부르는 것이 아닙니다. 우리의 마음에서 우러나오는 영감이 있는 찬송입니다. 우리의 영혼 속에서 우러나오는 뜨겁고 힘 있는 찬송입니다. 이러한 찬송이야 말로 자신과 듣는 자들에게 은혜가 됩니다. 힘이 됩니다. 기쁨이 됩니다.

옥중에 갇힌 바울과 실라의 찬송은 보통 부르는 찬송이 아닙니다. 성령이 충만한 가운데 부르는 찬송이었습니다. 영감의 찬송이 어둡고 캄캄한 옥에 차고 넘칠 때에 옥 터가 흔들리며 쇠사슬이 풀리는 능력의 역사가 일어났습니다. 뿐만 아니라 그 찬송을 듣고 그 놀라운 광경을 본 간수가 은혜를 받고 변하여 새사람이 되는 기적이 일어난 것입니다.

성도가 성령 충만하게 되면 기쁨과 능력 있는 찬송의 생활을 하게 되는 것입니다. 그래서 자신은 말할 것도 없거니와 다른 사람에게 은혜를 끼치며 감화를 주는 것입니다. 그리스도의 향기가 됩니다. 다른 사람을 주께로 인도하는 능력 있는 전도자가 되는 것입니다.

3. 아름다운 성도의 교제를 이룹니다

성령의 충만한 성도들은 주 안에서, 진리 안에서 하나를 이루게 되는 것입니다. 그래서 그 성도들이 서로 화답하며 부르는 찬송이야 말로 가장 아름다운 향기입니다.

시편 133편 1-3절에 보면 성도들의 하나 된 모습을 이렇게 말하고 있습니다. 찬송만 아름다운 것이 아니라 그 성도들의 모든 삶이 아름답고 은혜롭다고 말하고 있습니다. 거기에 보면 "보라 형제가 연합하여 동거함이 어찌 그리 선하고 아름다운고 머리에 있는 보배로운 기름이 수염 곧 아론의 수염에 흘러서 그 옷깃까지 내림 같고 헐몬의 이슬이 시온의 산들에 내림 같도다 거기서 여호와께서 복을 명하셨나니 곧 영생이로다" 라고 하였습니다.

성도가 성령으로 충만할 때에 성령으로 하나가 됩니다. 하나 된 성도들의 찬송은 아름답습니다. 그들의 생활 속에는 은혜와 사랑과 기쁨이 넘칩니다. 뿐만 아니라 이 가운데 하나님께서 복을 내려주신다고 하였습니다.

4. 범사에 항상 감사의 생활이 넘칩니다

20절에 보면 "범사에 우리 주 예수 그리스도의 이름으로 항상 아버지 하나님께 감사하며" 라고 하였습니다.

성도가 성령의 충만함을 받지 못하면 심령이 병들기 쉬운 것입니다. 심령이 병이 들면 구원의 기쁨을 상실합니다. 그리고 매사에 힘을 잃게 되는 것입니다. 그래서 매사에 짜증과 원망과 불평이 생기게 됩니다.

그러나 성령 충만한 성도는 모든 일에 그리고 범사에 감사할 수 있습니다. 이것이 바로 성령 충만한 자에게 주시는 하나님의 은혜입니다.

사랑하는 성도 여러분! 성령이 늘 충만하여, 은혜와 진리와 사랑이 충만하고, 날로 부흥하고 성장하여 하나님께서 기뻐하시는 일들을 넉넉히 그리고 즐겁게 감당할 수 있는 복된 교회가 되시기를 원합니다.

말씀을 생각하며

1. 오늘의 말씀의 요점을 간단히 요약해 봅시다.

_____

_____

_____

_____

2. 오늘 말씀에서 본 받아야 할 기도의 자세는 무엇입니까?

_____

_____

_____

_____

한 주간의 기도제목

나	
가정	
교회	

제44과
새로워지는 교회

로마서 1:13-17
찬송 : 190, 288

"복음에는 하나님의 의가 나타나서 믿음으로 믿음에 이르게 하나니 기록된 바
오직 의인은 믿음으로 말미암아 살리라 함과 같으니라." (롬 1:17)

1517년 10월 31일에 교권과 교직주의, 행위나 공적으로 구원받는다는
변질되고 탈선한 천주교에 대해서 95개조에 달하는 잘못된 것에 대해서 종
교개혁을 요구하는 논문을 독일 비텐베르크 성당 정문에 게시하여 면죄부
판매의 그릇됨 등을 지적하고 종교개혁의 봉화를 들기 시작하였던 것입니
다.

1. 종교개혁의 의미

종교개혁 당시 천주교는 말할 수 없이 부패되어 있었습니다. 교권주의와
교직주의가 성행해서 사람이 구원받는 것은 행위나 공로로 말미암아 구원을
받는다고 주장했던 것입니다. 그래서 돈을 받고 죄를 면해주는 증서(면죄부)
를 매매하는 등, 말로 표현할 수 없이 타락했습니다.

일반 교인들에게는 성경을 읽을 수 없도록 했기 때문에, 눈 먼 말이 방울
소리만 듣고 따라 가는 것같이, 맹목적으로 사제들의 말에 순종을 했습니
다. 이 때에 젊은 수도사요 신학자였던 마틴 루터(Martin Luther)는 교회
는 언제나 하나님의 말씀에 입각하여 잘못된 신앙을 고쳐나가야 한다고 주
장하게 된 것입니다.

우리들의 신앙의 최고의 권위는 성경에 두어야 합니다. 교황권의 권능이
나 인간의 제도나 방법이 인간의 심령을 고칠 수 없고, 살아계신 하나님의

말씀만이 신앙의 표준이 될 수 있습니다. 우리가 믿는 신앙의 표준인 말씀에 어긋나는 것은 잘못된 신앙인 것입니다.

우리 인간이 구원받는 것은 복음의 말씀을 믿음으로 말미암아 하나님의 은혜로 구원을 받는 것입니다. **"성경은 능히 너로 하여금 그리스도 안에 있는 믿음으로 말미암아 구원에 이르는 지혜가 있게 하려 하느니라"** (딤후 3:15)고 하십니다.

2. 오직 믿음으로만 구원을 받습니다

로마서 1장 2-3절에, **"이 복음은 하나님이 선지자들을 통하여 그의 아들에 관하여 성경에 미리 약속하신 것이라 그 아들에 관하여 말하면 육신으로는 다윗의 혈통에서 나셨고 성결의 영으로는 죽은 자들 가운데서 부활하사 능력으로 하나님의 아들로 선포되셨으니 곧 우리 주 예수 그리스도이시니라"** 고 했습니다.

복음을 구체적으로 말하면, 성령으로 동정녀 마리아에게서 나시고(마1:18, 21,23), 십자가에 못 박혀 죽으시고, 장사한지 3일 만에 부활하시고, 하늘에 오르사, 재림하실 예수님이 복음입니다.

그러므로 이 예수 그리스도를 믿음으로만 구원받습니다(엡 2:8). 오직 믿음으로 자녀의 권세를 얻습니다(요 1:12). 오직 믿음으로 영생을 얻습니다. 오직 믿음으로 천국의 백성이 됩니다.

3. 오직 은혜로만 구원받습니다

우리가 구원받은 것은 예수 그리스도를 나의 구주로 믿는 것으로 인하여 하나님의 은혜로 구원을 받는 것입니다. 에베소서 2장 8절에 **"너희는 그 은혜에 의하여 믿음으로 말미암아 구원을 받았으니 이것은 너희에게서 난 것이 아니요 하나님의 선물이라"** 고 했습니다. 우리의 공로가 아니라 하나님의 은혜입니다. 우리가 하나님 앞에 나오는 것도 하나님의 은혜입니다.

우리 하나님의 어린 양되신 예수 그리스도의 의를 힘입었습니다. 아담과 하와가 범죄 해서 숨었을 때에 **"아담아 네가 어디 있느냐?"**, **"내가 벗었으므로 숨었나이다."** 자기가 아무리 수치를 가리려고 해도 안 됩니다. 하나님께서 양의 가죽으로 수치를 가려주셨습니다. 양의 가죽옷을 입고 주님 앞에 나왔습니다. 우리는 하나님 앞에 은혜 받을 자격이 없는데 예수 공로 의지하여 하나님 앞에 나왔습니다. 예수 이름으로 하나님 앞에 예배를 드립니다. 예수의 공로로 은혜를 받습니다.

그 은혜가 감사해서 주께 충성 봉사하는 것입니다. **마태복음 18장 24-26절**에 일만 달란트 빚진 자가 하나님의 은혜로 탕감함을 받았습니다. 하나님 앞에 감사해서 충성 봉사하는 것입니다. 그래서 우리도 긍휼과 사랑을 베풀어야 하는 것입니다.

4. 초대교회로 돌아가야만 합니다

종교개혁운동은 천주교회가 본래의 교회에서 탈선되어서 제도화 되고 형식화 되고, 또 부패하고 타락했기에 초대의 교회로 돌아가자는 운동이었습니다. 찬송하고 기도하기를 전혀 힘쓰는 교회로, 기사와 표적이 일어나는 교회로, 사랑으로 유무상통하는 교회로, 열심으로 모이기를 힘쓰는 교회로, 서로 교제하는 교회로, 그리고 날마다 부흥하는 교회로 돌아가자는 운동이었습니다.

그러기 위해서 먼저 우리 성도들의 신앙이 개혁되어야 합니다. 예수 그리스도를 향한 뜨거운 신앙을 가지고, 생명이 약동하는 신자가 되어 첫사랑, 그 열심을 다시 회복하여야 합니다.

말씀을 생각하며

1. 오늘의 말씀의 요점을 간단히 요약해 봅시다.

_____

_____

_____

_____

2. 오늘 말씀에서 본 받아야 할 기도의 자세는 무엇입니까?

_____

_____

_____

_____

한 주간의 기도제목

나	
가정	
교회	

11월
감사의 신앙

제45과
은혜를 잊지 말라

시편 50:22-23
찬송 : 293, 302

"하나님을 잊어버린 너희여 이제 이를 생각하라 그렇지 아니하면 내가 너희를 찢으리니 건질 자 없으리라. 감사로 제사를 드리는 자가 나를 영화롭게 하나니 그 행위를 옳게 하는 자에게 내가 하나님의 구원을 보이리라." (시 50:22-23)

감사하지 않는 사람은 그 속에 원망과 불평, 시비, 비난으로 가득합니다. 그는 참으로 불행한 인생을 살아가는 사람입니다. 이런 사람들의 신앙 특징은 대부분 자기 의로 가득합니다. 또한 다른 사람의 믿음 생활과 방법, 교회 일을 옳게 보지도 않습니다. 이런 사람은 신앙생활도 불행하게 하는 사람입니다. 올바른 신앙생활은 항상 감사하는 생활입니다. 작은 일에도 감사합니다. 이렇게 감사할 때 하나님이 복주시고 내 삶은 더 좋게 변화됩니다.

1. 감사는 하나님 앞에서 자기를 발견 할 때 나옵니다

범사에 감사는 하나님이 나를 사랑하신다는 것을 발견할 때 나옵니다. 이 것은 기쁨과 감사와 찬양의 근원이 되기도 합니다. 그리고 그것을 알 수 있도록 성령께서 우리에게 오셔서 도와주십니다.

하나님은 자녀들을 더 감사하는 자가 되도록 인도하십니다. 하나님은 이 세상을 창조하시고 **"보시기에 좋았더라."** 고 했습니다. 여기에 하나님의 창조 목적과 내용, 의도가 다 담겨있습니다. 우리는 날마다 창조세계를 바라보면서 하나님을 향한 감사의 고백이 나와야 합니다. **"하나님을 잊어버린 너희여 이제 이를 생각하라, 그렇지 않으면 내가 너희를 찢으리니 건질 자 없으리라."** (시 50:22)

감사는 하나님을 기억하고, 생각하는 것입니다. 하나님에게서 멀어 질수록 내 주장, 생각, 지혜, 능력을 앞세우게 됩니다. 감사는 해도 되고 안 해도 되는 것이 아닙니다. 감사하지 않으면 잃을 날이 오게 됩니다.

2. 감사는 최고의 인격자가 되는 길입니다

한 사람의 인격과 됨됨이는 무엇으로 알게 됩니까? 감사하는 마음이 있는 가를 보면 됩니다. 서양 사람들의 언어습관을 보면 밝고 긍정적이고 합리적인 표현들이 매우 많습니다. 이것은 오랜 세월동안 하나님 사랑에서 나온 마음을 담았기 때문입니다.

하나님께 감사하는 마음을 가지면 하나님은 복된 길을 예비하시고 복된 길로 인도하십니다. 무엇을 하든지 감사하면 작은 일과 보잘것없는 일도 존귀해집니다. 그리고 하나님은 더 좋은 일로 복 주십니다. 감사하지 않으면 주신 복도 막힙니다. 하나님이 막는 것이 아니라 감사하지 않는 내가 스스로 막아버립니다. 감사하면 인생의 비전이 생기고, 삶에는 생동감과 가능성이 생깁니다.

우리는 또 가장 가까이 있는 것에 대한 감사를 잃어버릴 때가 많습니다. 첫째로 가정에서 부모와 자녀, 부부관계에 감사를 잃어버릴 때가 많습니다. 이를 당연하게 여기고 서로 무례히 행하므로 서운함이 생기기도 합니다. 둘째로 일이 주는 행복함에 감사를 잃어버릴 때가 많습니다. 힘든 수고와 노동만 기억할 뿐 감사가 없습니다. 내가 하는 일을 얼마나 알아주고, 나에게 얼마나 잘해주느냐에 대한 관심만 있는 경우가 많습니다. 셋째로 신앙생활에서 교회의 장점과 아름다움에 감사하지 않습니다. 자기 직분과 역할에도 감사를 잃어버리는 경우가 많습니다. 우리는 가까운 이들에게도 감사하는 마음을 잃지 말아야 합니다.

3. 감사는 하나님을 영화롭게 해 드리는 것입니다

"감사로 제사를 드리는 자가 나를 영화롭게 하리니 그의 행위를 옳게 하는 자에게 내가 하나님의 구원을 보이리라" (시 50:23).

감사하는 사람은 첫째, 문제해결을 받습니다. 10명의 문둥병자를 주님께서 고쳐 주셨을 때 한 사람만이 감사하러 다시 주님을 찾아 왔습니다. 그는 병과 더불어 영혼도 고침 받았습니다. 감사는 인생의 모든 문제를 해결합니다. 그래서 **"또 무엇을 하든지 말에나 일에나 다 주 예수의 이름으로 하고 그를 힘입어 하나님 아버지께 감사하라"** (골 3:17)고 하셨습니다.

둘째, 인생이 아름답습니다. 요즘 삶이 즐겁고 행복하다고 말하는 사람은 많지 않습니다. 힘들고 어렵다고 말하는 사람을 더 쉽게 봅니다. 그래서 우리는 유머와 개그도 보고, 즐거운 놀이나 아름다운 일, 재미있는 일을 경험하도록 그런 분위기를 만들어 가야 합니다. 그러나 가장 중요한 것은 뽕나무에서 내려오며 즐겁게 예수님을 영접한 삭개오의 모습처럼 예수님과 함께함으로 감사하고 아름다움을 나타내야 합니다.

셋째, 믿음의 사람입니다. 감사가 없는 사람은 믿음이 없는 사람입니다. 믿음의 결과는 감사입니다. 엘리야는 놀라운 이적을 통해 바알과 싸워 승리하고도 이세벨의 위협 앞에 하나님께 죽기를 소원했습니다. 그는 사는 것보다 죽는 것이 낫다며 우울함과 절망감을 드러냈습니다. 반면에 바울은 감옥에서도 다른 이들을 향해 기뻐하고 관용을 가지라고 권면했습니다. 두 사람의 차이는 무엇입니까? 바울은 믿음이 감사로 나타났고, 엘리야는 인간의 업적이 절망으로 나타났습니다. 결국 이것은 하나님이 인도하셨고, 하나님의 은혜였다는 것을 기억하지 못한 것 때문입니다.

감사를 잃는 것은 믿음의 문제입니다. 여러분! 여러분은 감사의 제사가 인생관이 되며 신앙생활의 이유가 되기를 바랍니다.

말씀을 생각하며

1. 오늘의 말씀의 요점을 간단히 요약해 봅시다.

---

2. 오늘 말씀에서 본 받아야 할 기도의 자세는 무엇입니까?

한 주간의 기도제목

나	
가정	
교회	

제46과
추수감사절을 지키라

출애굽기 23:16
찬송 : 587, 588

"맥추절을 지키라 이는 네가 수고하여 밭에 뿌린 것의 첫 열매를 거둠이니라
수장절을 지키라 이는 네가 수고하여 이룬 것을 연말에 밭에서부터 거두어
저장함이니라." (출 23:16)

이번 주간은 추수감사주간입니다. 참으로 하나님 앞에서 감사할 수 있는
성도들이 되시기를 바랍니다. 성도는 감사를 통해서만 미래를 선택할 수가
있다는 사실을 알아야 합니다. 감사가 없는 사람은 그에게 그 어떤 것이 주
어질지라도 그것은 그에게 값진 것이 될 수가 없습니다. 우리는 이 시간 추
수감사절의 의미가 무엇인가를 상고해 보면서 하나님이 기뻐하시는 참다운
감사를 올려 하나님의 은혜와 복을 받기를 원합니다.

1. 우리 신앙생활의 성장을 감사하는 절기입니다.

이스라엘 백성들은 광야에서 항상 하나님께서 주신 것을 받아먹기만 하
였습니다. 그러나 가나안 땅에 들어가 처음으로 수고하고 땀 흘려 농사하고
수확한 곡식을 드리며 하나님의 은혜에 감사할 줄 아는 성숙된 신앙생활을
하게 되었습니다.

금년 추수감사절을 보내면서 우리는 하나님의 은혜를 받는 것으로만 만
족하고 안주할 것이 아니라, 이제부터는 이미 받은 은혜에 감사하여 자원해
서 헌신하고 사랑을 베풀고 은혜를 끼치며 보답하는 성숙된 성도가 되어야
합니다.

바른 신앙은 하나님께 드리는 신앙생활을 말합니다. 성도는 하나님을 찬

양하고, 물질을 드리며, 정성을 드리고, 충성을 드리며 삶을 드리는 것입니다. 이것이 바른 신앙입니다.

교회적으로도 이제는 미래를 지향하는 교회로 세계를 향하여 선교의 불을 붙여 나가는 교회로 성장하여야 합니다.

2. 자급자족의 신앙생활을 해야 합니다

이스라엘 백성들이 수고하고 땀 흘려야 땅의 소산물을 얻었듯이, 우리가 하나님의 말씀과 뜻에 따라 수고하고 땀 흘리며 헌신 봉사할 때에 신앙의 자급자족이 일어납니다. 스스로 기도하고 봉사하고 섬기고 헌신해야 합니다.

여러분! 이제는 남을 의지하거나 잘 넘어지고 시험 들고 남을 탓하거나 불평하던 광야 생활을 청산하시기 바랍니다. 특히, 적어도 세례를 받으신 분들은 자기 신앙 자기가 지켜 나가야 합니다. 새 가족들에게 모본이 되어야 합니다.

남의 믿음으로는 나의 문제를 해결할 수 없습니다. 우리는 스스로 주일성수, 기도생활, 공집회 출석, 봉사 헌신, 십일조 생활을 잘하여 자기 신앙과 맡은 위치를 잘 지켜 나가는 자급자족의 신앙생활을 하여야 합니다.

3. 내가 맺은 열매로 헌신해야 합니다

이스라엘 백성들은 처음으로 수고하여 얻은 땅의 소산의 열매로 하나님께 감사를 드렸습니다. 또한 이 날은 오순절로서 주님께서 약속하신 성령께서 강림하셔서 교회가 큰 권능 받고 그리스도께서 씨를 뿌려 놓으신 교회의 첫 열매를 거두신 날입니다.

주님께서는 **"열매 없는 나무마다 찍어 불에 던지우리라"** **"열매를 보고**

그 나무를 안다"고 하셨습니다. 우리는 가정적으로나 교회적으로 이제 열매를 맺으며 살아야 합니다. 그래서 주님 앞에 결산을 하여야 합니다.

감사에는 세 가지가 있습니다.

1) If의 감사입니다. 이것은 무엇을 주시면 드리겠다는 1차원적인 감사요 조건부 감사입니다.

2) Because의 감사입니다. 무엇 때문에, 무엇을 이루어 주셨으니 드리는 2차원적인 감사 입니다.

3) In spite of의 감사입니다. 어려운 환난에도 불구하고 하나님께서 나를 구원하셨고 하나님이 나와 함께 하신다는 3차원적인 감사입니다. 이것이 진정한 감사입니다.

하박국 3장 17-18절에, "비록 무화과나무가 무성하지 못하며 포도나무에 열매가 없으며 감람나무에 소출이 없으며 밭에 먹을 것이 없으며 우리에 양이 없으며 외양간에 소가 없을지라도 나는 여호와로 말미암아 기뻐하리로다."

즉 양식이 없어서 배가 고프고 음료가 없어서 목이 마르고 기름이 없어 불을 켜지 못하는 죽음과 같은 캄캄한 환경 가운데서도 여호와 하나님의 구원에 감사하는 3차원의 감사를 하실 때에 하나님께서 모든 필요한 것을 풍성히 채워 주실 것입니다.

시편 50편 23절에 "감사로 제사를 드리는 자가 하나님을 영화롭게 한다"고 했습니다. 억지로가 아닌 중심에 감사하는 마음과 순종, 겸손한 마음으로 절기를 지켜야 주님께서 기뻐하십니다.

이제 좀 더 성장된 신앙생활과 자급자족의 신앙생활과 내 신앙 내가 지켜 나가며 오히려 남에게 베풀고 도우시는 성령의 거듭난 열매가 충만히 열리는 삶을 사시길 원합니다.

말씀을 생각하며

1. 오늘의 말씀의 요점을 간단히 요약해 봅시다.

_____

_____

_____

_____

2. 오늘 말씀에서 본 받아야 할 기도의 자세는 무엇입니까?

_____

_____

_____

_____

한 주간의 기도제목

나	
가정	
교회	

제47과
기도와 감사의 삶

다니엘서 6:10-18
찬송 : 440, 594

"다니엘이 이 조서에 왕의 도장이 찍힌 것을 알고도 자기 집에 돌아가서는 윗방에 올라가 예루살렘으로 향한 창문을 열고 전에 하던 대로 하루 세 번씩 무릎을 꿇고 기도하며 그의 하나님께 감사하였더라." (단 6:10)

불행과 역경을 이기며 승리한 사람들, 많은 감동을 주는 인물은 헤아릴 수 없이 많습니다. 이런 사람들의 삶은 한 국가와 한 사회의 희망이 됩니다. 성경의 인물들 중에도 불행하고 어려운 환경을 극복한 수많은 사람들이 있습니다. 오늘은 다니엘을 통하여 그가 어떻게 불행하고 어려운 환경을 극복한 하나님의 사람이 되었는지 알아보겠습니다.

1. 타협하지 않고 자신을 지켰습니다

다니엘은 유다왕국 출신으로 바벨론 왕 느부갓네살에게 잡혀간 청년중의 한 사람입니다. 그는 흠이 없고 아름다우며 재주가 뛰어났고 학문과 지식을 겸비한 젊은이였습니다.

그는 세 친구들과 함께 바벨론으로 잡혀갔습니다. 잡혀온 젊은이들의 자질을 본 바벨론 왕은 왕국에서 3년 동안 바벨론 교육을 받게 했고, 왕의 진미와 포도주로 배려했습니다. 그러나 그들은 모세의 율법에 따라 이를 거절하고 채식을 고집했습니다.

하나님의 사람은 자기 정체성과 신념에 따라 타협하지 않고 끝까지 자기를 지켜야 합니다. 이 소년들은 하나님의 복을 받아 지식을 얻고 학문과 재주와 명철을 얻게 되었습니다. 특히 다니엘에게는 환상과 온갖 꿈을 해석하는 능력까지 주셨습니다**(단 1:17)**.

이들은 3년간의 교육기간이 끝날 쯤 왕 앞에 서게 되었습니다. 왕이 이들의 지혜나 지식을 물어보니 전국에 있는 어떤 마술사나 주술가 보다도 열배는 더 낫다는 것을 알았습니다. 그래서 다니엘은 고레스왕 1년까지 왕국에 머물렀습니다.

2. 하나님과 사람들에게 인정을 받았습니다

다니엘은 느부갓네살 왕 제2년에 다니엘은 다른 박수와 술객 점쟁이들이 풀지 못하는 왕의 잃어버린 신상(神像)의 꿈을 해석했습니다. 다니엘을 높여 바벨론의 박사장과 총독으로 삼고 그의 세 친구들도 바벨론의 지방을 다스리게 했습니다.

다니엘은 꿈과 환상에 대한 해석으로 다리오시대까지 바벨론의 영향력 있는 인물로 인정받아 총리가 되었습니다. 다니엘이 이렇게 인정받고 왕이 신뢰하는 총리가 되자 사람들은 그의 허물을 찾기 시작했습니다.

인간사는 어디에나 시기, 질투, 모함하는 사람들이 존재하기 마련입니다. 남이 노력하고 수고해서 얻은 열매를 비판하고 시기, 질투하는 이런 사람들은 자기 인생을 위해 노력하지 않습니다.

총독과 방백들이 시기, 질투하여 고소할 내용을 찾으려 했으나 못 찾았습니다. 다니엘이 워낙 일처리를 잘하고 맡은 임무에 충실했기 때문입니다. 그래서 사람들은 다니엘이 믿는 하나님을 문제 삼기로 하고 고발할 근거로 삼기로 했습니다.

총리들과 방백들이 왕에게 나가 왕이 백성들에게 내릴 조서를 만들어야 한다고 아첨하며 왕의 마음을 흔들었습니다. 앞으로 30일 동안 누구든지 왕 이외에 다른 신이나 사람에게 무엇을 구하면 사자 굴에 던진다는 조서를 내리게 했습니다.

사악하고 간사한 일로 남을 넘어지게 해서는 안 됩니다. 자기가 못한다고 남도 못해야 한다면 이런 사람은 악한 자입니다. 축복하고 인정하는 말을 많이 해야 합니다.

3. 죽음도 두려워하지 않았습니다

다리오왕은 총리와 방백들의 속임에 넘어가 금령의 문서에 왕의 도장을 찍었습니다. 이제 바벨론에서는 왕을 찬양하고 높이는 일만 해야 하며, 다른 신을 섬기는 행위도 할 수 없습니다.

그럼에도 불구하고 다니엘은 자신의 집에 다락방으로 올라가 예루살렘 쪽을 향하여 평소에 늘 하던 대로 하루에 세 번씩 하나님께 무릎 꿇고 기도하며 감사를 드렸습니다. 결국 다니엘은 왕의 금령을 어기게 되었습니다. 이는 다니엘을 모함하는 자들에게 좋은 구실이 되고 말았습니다.

왕을 부추겨 만든 법대로 다니엘은 사자 굴에 들어가야 했습니다. 다니엘이 기도한 행위가 분명해진 이상 왕도 그에게 배려할 수 있는 것이 없었습니다. 총리와 방백들이 왕의 금령을 무시하고 기도했다고 증거를 들이대며 다니엘을 사자굴 속에 집어넣으라고 당당하게 요구했습니다. 왕은 다니엘을 구하려고 마음 쓰고 힘을 다했으나 해가 질 때까지 방법을 찾지 못했습니다.

바벨론 왕 다리오는 다니엘이 믿는 하나님을 인정하고 다니엘의 신앙도 인정했습니다. 하나님이 그를 구원하실 것을 확신하게 되었습니다.

다니엘로 하여금 자기를 지키고 형통하고 인정받고 존귀한 자 되게 한 것은 기도와 감사입니다. 기도와 감사로 채워진 다니엘은 절망과 좌절, 원망과 포기를 하지 않습니다.

기도와 감사로 채워진 다니엘의 시간에는 언제나 하나님이 함께 하셨고 위기의 때 하나님은 그를 귀히 여기고 보호하는 손길을 주셨습니다.

환경을 지키기 어려울 때, 다니엘처럼 기도하고 감사하면 하나님께서 귀하게 여기시고 지켜주실 것입니다.

말씀을 생각하며

1. 오늘의 말씀의 요점을 간단히 요약해 봅시다.

_____

_____

_____

_____

2. 오늘 말씀에서 본 받아야 할 기도의 자세는 무엇입니까?

_____

_____

_____

_____

한 주간의 기도제목

나	
가정	
교회	

제48과
감사하는 신앙생활

고린도전서 15:57~58
찬송 : 44, 304

> "우리 주 예수 그리스도로 말미암아 우리에게 승리를 주시는 하나님께
> 감사하노니, 그러므로 내 사랑하는 형제들아 견실하며 흔들리지 말고 항상 주의
> 일에 더욱 힘쓰는 자들이 되라 이는 너희 수고가 주 안에서 헛되지 않은 줄
> 앎이라." (고전 15:57-58)

히브리 사람들은 감사를 야다(yadah)라고 했습니다. "야다"라는 말의 뜻
은 "손을 펴서 예배하다, 경배하다, 찬양하다"라는 것입니다. 그러므로 감사
란 구원 받은 사람들이 손을 펴서 하나님을 예배하는 행위이며 경배하고 찬
양하는 행위인 것입니다. 바로 그 점이 보통 세속적인 감사와 구원받은 사
람들의 감사의 차이입니다.

1. 누구에게 감사해야 합니까?

고린도전서 15장은 예수의 부활과 그를 믿는 성도들의 부활을 다루고 있
습니다. 그러면서 바울은 본문 **57절**에 **"우리에게 승리를 주시는 하나님께 감
사하노니"** 라고 했습니다. 그리스도인들이 죄와 죽음을 이길 수 있게 해주
신 사실을 감사하고 있는 것입니다.

"승리를 주시는" 이라는 말의 뜻은, 한 번만 이기게 해주신 것이 아니라
계속해서 승리의 삶을 주고 계신다는 것입니다.

운동선수의 소망은 경기 때마다 이기는 것입니다. 그러나 그것은 소망일
뿐이지 현실은 그대로 되지는 않을 것입니다. 그런데 바울은 하나님은 우리
에게 날마다 승리를 주신다고 감사하고 있습니다. 그 승리는 내가 예수 그

리스도의 부활을 믿고 구원 받았을 때 그렇게 된다는 것입니다.

예수 안에 있으면 지는 것 같지만 이기고, 실패한 것 같지만 성공하고, 죽지만 다시 살게 됩니다. 이유는 하나님이 나에게 이김을 주셨기 때문입니다. 그러므로 우리는 이김을 주시는 하나님께 감사해야 합니다.

2. 감사하면 어떻게 됩니까?

신앙에는 3단계가 있습니다. 첫째 단계는 받는 단계입니다. 구원을 받고 은혜를 받고 성령을 받고 복을 받습니다. 그리고 받기 위해 이 단계에서는 달라는 말을 많이 하게 됩니다. "주시옵소서"라는 기도가 주종을 이루게 됩니다.

둘째 단계는 감사의 단계입니다. 받은 것을 깨닫고 감사하는 단계입니다. 사랑이 감사하고 받은바 은혜가 감사해서 "주님, 감사합니다."라는 기도와 찬송을 드리게 됩니다.

셋째 단계는 드리는 단계입니다. 이 단계는 감사를 구체적으로 실천하는 단계입니다. 감사하기 때문에 십일조를 드리고 시간을 드리고 정성을 드리고 생명을 드리게 됩니다. 이 단계는 헌신의 단계이며 성숙의 단계입니다.

감사하면 나의 삶이 풍요해지고 신앙이 성숙하게 됩니다. 우리가 서로 감사한 마음과 정을 가지고 살아간다면 우리의 삶은 한결 더 부드러워지고 포근해질 것이며, 우리 사회 또한 따뜻해질 것입니다.

생일이 되면 아이들이 선물을 사옵니다. 따지고 보면 그것은 내가 준 용돈으로 선물을 사가지고 온 것이기 때문에 내가 내 돈 주고 산 선물에 불과합니다. 그러나 그렇게 기분 좋을 수가 없습니다.

주님의 마음도 같습니다. 다 주님의 것입니다. 모든 것이 다 주님께로부터 왔고 주님이 주신 것들입니다. 그러나 그것을 깨닫고 주님께 감사를 드리면 주님은 매우 기뻐하시는 것입니다. 그러므로 내가 복 받는 비결은 주님을 기쁘시게 해드리고 기분 좋게 해드리는 것입니다.

시편 50편 14~15절에 **"감사로 하나님께 제사를 드리며 지존하신 이에게 네 서원을 갚으며 환난 날에 나를 부르라 내가 너를 건지리니 네가 나를 영화롭게 하리로다."** 라고 했습니다. 이 말씀의 뜻은 하나님께 감사드리고 서원한 것을 갚는 사람은 환난 중에서도 건져주신다는 약속입니다. 주님은 감사하는 사람에게 넘치는 복을 주십니다.

3. 어떻게 감사해야 합니까?

어떤 분이 어릴 때 고학을 하는데, 집안 먼 친척 중에 두 분이 있었습니다. 한 사람은 만날 때마다 "고생 많구나. 참고 공부하노라면 성공할 거야." 라고 하면서 그때마다 꼬깃꼬깃한 지폐를 손에 쥐어 주며 책이라도 한 권 사보라는 분이 있었습니다.

그런가 하면 한 사람은 "고생하지 말아라. 잘 먹어야 한다. 너무 밤늦게까지 공부하지 말고 졸리면 푹 자고 새벽에 하라." 하면서 건강까지 염려해 주는 수다쟁이가 있었습니다. 그러나 그 사람은 단돈 10원도 준 일이 없었습니다.

그런데 수다쟁이에게는 별로 고맙다거나 은혜를 입었다는 생각을 하지 않지만, 손을 꼬옥 쥐고 등을 두들겨 주면서 책이나 한 권 사서보라던 그분의 그 눈빛과 그 조용한 음성은 죽는 날까지 잊을 수가 없다고 합니다.

"네 보물이 있는 곳에 네 마음도 있다"고 하신 주님의 말씀은 진리입니다. 감사할 조건이나 이유가 없다면 그는 아직 주님을 만나지 못한 사람일 것입니다. 그러나 주님 때문에 구원받고 큰 은혜를 받은 사람이라면 감사가 넘칠 것이고 풍성한 감사를 드리게 될 것입니다.

말씀을 생각하며

1. 오늘의 말씀의 요점을 간단히 요약해 봅시다.

_____
_____
_____
_____

2. 오늘 말씀에서 본 받아야 할 기도의 자세는 무엇입니까?

_____
_____
_____
_____

한 주간의 기도제목

나	
가정	
교회	

12월
마무리를 잘하자

제49과
성탄절을 맞이하는 자세

마태복음 2:1-12
찬송 : 116, 120

"이에 헤롯이 가만히 박사들을 불러 별이 나타난 때를 자세히 묻고, 베들레헴으로 보내며 이르되 가서 아기에 대하여 자세히 알아보고 찾거든 내게 고하여 나도 가서 그에게 경배하게 하라." (마 2:7-8)

예수 그리스도가 이 세상에 나심은 인류 역사상 최대의 사건입니다. 하나님의 아들이 베들레헴 말구유에서 마리아의 몸에서 태어났습니다. 예수 그리스도가 세상에 태어났을 때 사람들의 반응이 어떠하였는지 함께 생각하면서 은혜를 받고자 합니다.

1. 헤롯왕의 태도입니다

예수께서는 헤롯왕 시대에 탄생하셨습니다. 헤롯왕은 진리를 두려워하는 자를 대표합니다. 그런데 역사학자 요세푸스는 그를 유능하고 간교하며 잔인한 인물로 평가하고 있습니다.

그는 유능했습니다. 웅변술, 전쟁전문가, 건축에 대한 대단한 사람으로 알려졌기 때문입니다. 그는 간교했습니다. 막대한 대가를 치르고 왕권을 획득하고 결혼마저도 이용하였습니다. 그는 잔인했습니다. 왕위에 오르자마자 유대인의 최고 법정인 산헤드린을 근절시키기 시작하였습니다. 얼마 안 되어 300명의 법정위원을 살해하였습니다. 그후 그의 처 미리암을 죽였고, 장모 알렉산드리아와 그의 장남인 안티 파터와 두 아들 알렉산더와 아리스토블러스를 죽였습니다. 그가 죽을 때는 예루살렘 귀족을 살해하였습니다. 하나님을 두려워할 줄 모르는 가장 추악한 인물입니다.

예수 그리스도가 이 세상에 태어난 것을 헤롯은 지극히 싫어했습니다. 그가 그토록 그리스도를 두려워하고 싫어한 이유는, 예수 그리스도가 부정한 자기들의 양심에 거리낌이 되기 때문입니다.

우리 시대에도 헤롯 왕과 같이 우리 주님에 대하여 냉소적이고 감정적인 인생은 아닌지 한번 돌아보아야 할 것입니다. 자신의 이익과 부를 위하여, 자신의 행복과 안일함을 위하여 헤롯 왕처럼 주님을 배척하는 인생이 되어서는 안 됩니다.

2. 대제사장과 서기관들의 태도입니다

대제사장과 서기관들은 성경진리에 익숙한 사람들이며, 하나님을 가장 가까이서 예배하고 자신의 온 평생에 하나님을 봉사하기로 헌신한 사람들입니다. 동방에서 온 박사들이 유대인의 왕으로 태어나신 이가 어디 계시냐고 물었을 때, 그들에게는 메시야에 대한 관심은 없었습니다.

사랑하는 성도 여러분! 그리스도의 십자가의 은혜 앞에 회개하고 눈물을 흘려본 경험이 있습니까? 십자가의 구속과 죄 사함의 사랑에 대해 자신을 드리기로 헌신하신 경험이 있습니까? 진정한 회개의 경험이 없다면 우리가 가진 지식과 자랑, 주님께 드릴 봉사가 헛된 것일 수밖에 없습니다. 믿음이 있어야 하나님을 기쁘시게 할 수 있고, 믿음으로 하나님의 자녀가 되며, 믿음으로 죄 사함을 얻으며, 믿음으로 하나님 나라도 들어갈 수 있는 것입니다.

3. 동방의 박사들의 태도입니다

동방박사들은 진리를 열심히 찾는 자들을 의미합니다. 주님께 경배하기 위해 먼 거리를 찾아왔습니다. 그들은 날마다 경건하게 기도하며 소망 중에 메시야를 기다리던 때에 아기 예수님의 탄생 소식을 듣게 됩니다. 기다리고 사모하며 기도하는 자에게 하나님의 은혜와 복이 내리시는 것입니다.

주님을 만나려면 고생과 희생이 따르며, 위협과 위험도 있습니다. 주님이 계신 곳이라면 어디든지 따라 가겠다는 결심이 있었습니다. 뿐만 아니라 주님을 경배하기 위하여 주님 앞에 내놓을 최고, 최선, 최대의 예물과 정성이 담긴 황금과 유향과 몰약을 준비하였던 것입니다. 동방박사들의 아기께 경배하는 자세는 오늘 우리는 본 받아야 합니다.

4. 마리아와 요셉의 태도입니다

마리아와 요셉은 유대 베들레헴 출신의 사람이며 베들레헴은 다윗의 고향이기도 했습니다. 그리스도의 베들레헴 탄생은 하나님의 예언의 확실성을 보여주며 보잘것없는 것의 중요성을 가르쳐 주고 있습니다.

구유에 태어나신 그리스도는 여행자들이 자주 하룻밤을 쉬어가던 동굴 무덤을 파놓은 곳으로, 그리스도께서 사망과 죄를 정복하시고 승리하실 것을 미리 보여주셨던 일입니다.

요셉과 마리아에게는 구주 예수 그리스도의 탄생이 생애의 크나큰 시련을 이겨낸 엄청난 사건입니다. 예언의 절정은 요셉에게는 아내의 부정을 의심받을 수 있는 일이었고, 또 유대인의 전통으로는 마리아는 돌에 맞아 죽어야 했습니다. 그래서 드러내지 아니하고 가만히 마리아와 파혼하려고 할 때 주의 천사가 요셉에게 나타나셨고, 하나님은 평범한 시골 촌부의 가정을 택하시고, 그리스도 탄생의 엄청난 일들을 준비하시고 이루셨습니다.

요셉과 마리아는 그리스도를 사모하며, 믿음으로 아기 예수의 탄생을 준비하였던 것입니다. 나는 어떠한 태도로 그리스도의 탄생을 맞을 준비를 하고 있습니까? 마음 문을 열고 아기 예수님을 맞이하는 성도가 되기를 원합니다.

말씀을 생각하며

1. 오늘의 말씀의 요점을 간단히 요약해 봅시다.

_____

_____

_____

_____

2. 오늘 말씀에서 본 받아야 할 기도의 자세는 무엇입니까?

_____

_____

_____

_____

한 주간의 기도제목

나	
가정	
교회	

제50과
화해자로 오신 그리스도

누가복음 2:14
찬송 : 117, 125

"지극히 높은 곳에서는 하나님께 영광이요 땅에서는 기뻐하심을 입은 사람들
중에 평화로다 하니라." (눅 2:14)

성탄절은 하나님께서 높은 하늘 보좌를 버리시고 인간의 애환에 깊이 동
참하시기 위하여 오신 사건을 말합니다. 누가는 메시야의 탄생 선포를 하늘
에는 하나님의 영광이 있고, 땅위에는 새로운 평화의 때가 도래한 것이라고
말했습니다. 성탄의 사건은 구원으로 시작되었습니다. 하나님은 전인격적인
평화를 성취하시기 위하여 오셨습니다.

1. 하나님과 인간의 관계를 회복하시는 화해자로 오셨습니다

죄로 말미암아 타락된 인간은 창조주로부터 멀리 떠났습니다. 그래서 인
간과 하나님과의 관계는 단절되었습니다. 이것이 오늘날 자기 상실, 더 나
가서 마침내는 무력감, 열등감, 고독과 불안감에 휩싸이게 되는 것을 말합
니다. 이러한 현상은 다른 사람들과의 연대관계가 파괴되는 모습으로 나타
납니다. 그래서 인간의 자기 상실을 성서는 **"육신을 따르는 자는 육신의 일
을, 영을 따르는 자는 영의 일을 생각하나니 육신의 생각은 사망이요 영의 생각
은 생명과 평안이니라 육신의 생각은 하나님과 원수가 되나니 이는 하나님의
법에 굴복하지 아니할 뿐 아니라 할 수도 없음이라"** (롬 8:5-7)

평화의 왕으로 오신 예수 그리스도는 그의 사역의 제일 초점으로 바로
인간의 영적 평화를 주시기 위한 화해자 역할을 감당하시기 위하여 오셨습
니다. 그것은 우리의 과거 죄를 해결하기 위함이었습니다.

아담의 타락으로 하나님과 인간관계가 단절되었고, 우리는 여전히 죄 아래 있게 되었습니다. 그 사랑의 인내 속에 육신을 입고 오신 분이 예수 그리스도이십니다. 성탄의 사건은 하나님으로 부터 오는 것입니다.

하나님께서 먼저 저희를 사랑하셨습니다. 더럽고 추한 인간들을 구원하시기 위하여 하나님이 먼저 인간이 되셨습니다. 영원한 생명을 주시기 위함입니다.

하나님과 나와의 바른 관계 회복이 참된 심령의 평화가 되는데, 이 복된 성탄절에 이러한 평화가 여러분의 심령에 충만하시기를 원합니다.

2. 인간 사회 속에 갈등을 해결하는 화해자로 오셨습니다

슈바이처 박사는 '내 영혼을 구하려는 노력이나 내 이웃을 구하려는 것은 하나이다'라고 했습니다. 그리스도를 통하여 구속을 체험한 사람은 구속의 은혜를 이웃으로 확대해야 합니다. 예수님은 이웃관계를 모든 비교적 규례보다도 더 우선순위로 강조하셨습니다.

마태복음 5장 23-24절에, "예물을 제단에 드리다가 거기서 네 형제에게 원망들을 만한 일이 있는 것이 생각나거든 예물을 제단 앞에 두고 먼저 가서 형제와 화목하고 그 후에 와서 예물을 드리라" 고 했습니다.

그가 오심은 **이사야 61장에** 말씀하신 것처럼 **"포로들에게 해방을 선포하며 옥에 갇힌 자들에게 햇빛의 찬란함을 보게 하고, 슬퍼하는 모든 사람을 위로하며 재대신 왕관을 씌워주며, 상복을 입었던 몸에 기름을 발라주고 침울함 대신으로 찬양을 울려 퍼지게 하는 옷을 입혀 주어라"** 했습니다. 예수님의 사역에서 최대의 과제는 이런 불공평한 갈등을 해결하는 데 있습니다.

이러한 사역을 위임받은 이 땅의 교회와 그리스도인들은 진정한 화해자로서의 역할을 감당해야 합니다. 그의 말씀대로 "화평케 하는 자", 즉 화평을 만드는 자의 사명을 감당해야 합니다.

3. 인간과 모든 피조물과의 평화를 선포하셨습니다

하나님께서 창조한 세상은 인간의 범죄로 얼룩져 가고 있습니다. 그래서 자연은 신음하고 있습니다. **로마서 8장 19-21절에, "피조물이 고대하는 바는 하나님의 아들들이 나타나는 것이니 피조물이 허무한 데 굴복하는 것은 자기의 뜻이 아니요 오직 굴복하게 하시는 이로 말미암음이라. 그 바라는 것은 피조물도 썩어짐의 종 노릇한 데서 해방되어 하나님의 자녀들의 영광의 자유에 이르는 것이니라"** 고 하였습니다.

이 말씀은 인간의 타락으로 자연계, 생태계에도 엄청난 영향을 주고 있다는 것입니다. "하나님 사랑이 곧 자연 사랑이요. 자연 사랑이 곧 하나님 사랑입니다."

그런데 물질문명의 발달과 과학의 발달로 말미암아 자연은 점점 더 신음하고 있는 것입니다. 인간성 타락으로 말미암아 어두워진 마음에 들여진 도구는 엄청난 자연의 재난을 주고 있습니다.

마음 놓고 먹을 채소, 과일, 공기, 물, 음식 등이 없습니다. 지구가 점점 더 뜨거워지고 있고, 남극의 오존층은 점점 더 큰 구멍을 내고 있습니다. 그러므로 영혼을 사랑하는 마음이나 우리의 환경을 사랑하는 일에 기독교인들은 앞장을 서야 할 것입니다.

성탄의 주로 오신 주님은 신음하는 자연 속에 평화를 주시기 위하여 오셨습니다. 이 성탄절에 평화의 왕으로 오신 예수님을 우리 삶 가운데

모심으로 하나님과의 관계를 회복하시며, 이웃과의 관계도 회복시키며, 더 나가서 모든 자연과 더불어 평화하시는 복된 계절이 되기를 원합니다.

말씀을 생각하며

1. 오늘의 말씀의 요점을 간단히 요약해 봅시다.

_____

_____

_____

_____

2. 오늘 말씀에서 본 받아야 할 기도의 자세는 무엇입니까?

_____

_____

_____

_____

한 주간의 기도제목

나	
가정	
교회	

제51과
참 된 성탄의 의미

누가복음 4:16-20
찬송 : 112, 126

"주의 성령이 내게 임하셨으니 이는 가난한 자에게 복음을 전하게 하시려고 내게
기름을 부으시고 나를 보내사 포로 된 자에게 자유를, 눈 먼 자에게 다시 보게
할을 전파하며 눌린 자를 자유롭게 하고, 주의 은혜의 해를 전파하게 하려
하심이라 하였더라" (눅 4:18)

성탄절은 그렇게 마냥 좋아하고 즐기는 날이 아닙니다. 여기에는 아주 엄
숙한 의미가 들어 있습니다. 본문을 보면 예수님이 이 땅에 오신 목적을 아
주 잘 표현해 주고 있습니다. 예수님이 이 땅에 오신 목적은 무엇일까요?

1. 잃은 자를 찾으러 오셨습니다

본문은 예수님의 취임 설교나 마찬가지입니다. 예수님은 공생애를 시작하
시면서 첫 설교를 하셨는데 그것이 본문의 말씀입니다. 예수님이 첫 설교에
서 강조한 점이 "잃은 자를 찾으러 오셨다"는 것입니다. 그래서 성경을 보
면 "잃은 자 이야기"가 많이 나옵니다. 복음서에 나오는 잃은 양의 이야기
가 그것입니다. 99마리의 양을 놔두고 잃어버린 한 마리의 양을 찾아 헤매
는 목자의 모습이 예수님의 모습입니다.

그런가 하면 "잃어버린 동전 이야기"도 있습니다. 당시 사람들은 동전 10
개를 줄로 꿰어서 목에 걸고 다녔습니다. 이것은 당시 사람들이 애용했던
액세서리입니다. 그런데 줄이 끊어지면서 동전 하나가 없어져 버렸습니다.
이 여인은 잃은 동전을 찾아 헤맵니다. 결국 동전을 찾은 이 여인은 동네
사람들을 초청해서 잔치를 베풀었다고 했습니다.

한 사람이 중요합니다. 예수는 하나의 잃어버린 자를 찾기 위해서 이 땅에 오셨습니다.

2. 가난한 자와 함께하시려고 오셨습니다

예수님은 공생애가 시작되자마자 갈릴리 바닷가로 가셨습니다. 당시 갈릴리 바닷가는 그 사회에서 가장 소외되고 낙오된 사람들이 모여 살았던 곳입니다. 그래서 그곳은 가난한 사람들로 북적 대던 곳입니다. 예수님은 그곳에서 공생애 기간 동안 소외된 사람들과 함께 보냅니다. 그리고 그 사람들 가운데서 제자들을 선택하십니다. 예수를 따르던 사람들도 모두 그 사람들입니다.

가난한 것이 반드시 나쁜 것만은 아닙니다. 사람은 가난할 때 예수를 만나기 쉽고 예수를 영접하기가 쉽습니다. 잘 믿던 사람들도 생활이 부해지고 편안해지면 시들해지는 경우가 많습니다. 예수께서 공생애를 시작하면서 가장 먼저 갈릴리 바닷가를 찾아가신 것은 그런 이유가 있어서입니다. 그곳에는 소외된 사람들과 가난한 사람들이 모여 살았기 때문입니다. 그들에게 가셔서 복음을 전하고 위로하기 위해서입니다. 예수님이 이 땅에 가난한 자를 위해서 오셨기 때문입니다.

3. 병든 자와 함께하시려고 오셨습니다

예수님의 주위에는 늘 병자들이 모여들었습니다. 그리고 예수님의 사역 가운데 가장 큰 사역은 병자들을 고치는 일이었습니다. 갈릴리는 가난한 지역이었기에 그곳에는 각종 병자들이 우글거렸습니다. 앉은뱅이, 소경, 문둥병자, 귀신들린 자, 혈루병자, 거지들이 많았습니다. 가난한 지역에는 이렇게 병자들이 많고 무당들이 많고 귀신들린 사람들이 많습니다. 예수님은 이렇게 사회에서 소외되고 병들고 낙오된 사람들을 상대하셨습니다.

사람이 건강하게 살아야겠지만 때로 병드는 일도 나쁜 것만은 아닙니다. 사람이 병들었을 때 예수를 영접하는 일이 아주 쉬워집니다. 그래서 전도가 가장 잘되는 곳이 병원입니다. 병원에 입원을 하게 되면 마음이 달라집니다. 불신자들이 병상에서 쉽게 예수를 영접하는 것이 그런 이유 때문입니다. 병상에 누워 있으면 예수님이 다르게 느껴집니다. 신앙의 느낌도 달라집니다. 때로 교만한 사람들이 병상에서 예수를 영접하게 되는 원인도 이 때문입니다. 예수님은 병자들을 구원하러 오신 것입니다.

4. 억눌린 자들을 자유롭게 하시려고 오셨습니다

사람은 모두 무엇인가 억눌린 채 살아갑니다. 모두 어떤 멍에를 메고 살아갑니다. 어떤 사람들은 술, 담배, 노름, 마약 같은 나쁜 습관의 멍에를 메고 살아갑니다. 이것에 미친 사람들은 모두 이 멍에를 버리지 못하고 그것에 집착해서 살아갑니다. 이것 외에는 세상에 재미가 없는 줄로 알고 살아갑니다.

예수께서 이 땅에 오시므로 우리는 죄의 억압에서 자유스러워졌습니다. 무엇보다 죽음의 문제, 우리의 운명까지도 극복하고 모든 멍에를 벗어 던지고 자유하면서 살아가고 있습니다. 이것이 복음이 준 은혜입니다.

예수께서 이 땅에 오신 목적을 본문은 이렇게 말씀하고 있습니다. **"가난한 자에게 복음을 전하게 하시려고 내게 기름을 부으시고 나를 보내사 포로 된 자에게 자유를, 눈 먼 자에게 다시 보게 함을 전파하며 눌린 자를 자유롭게 하고, 주의 은혜의 해를 전파하게 하려 하심이라."** 이것이 성탄의 의미입니다.

하나님의 은혜를 소중히 여기며 살아가는 것이 신앙인의 가장 성숙한 도리입니다. 이 같은 은혜와 복이 성탄절에 여러분들에게 주어지고 여러분들의 마음속 깊이 함께하시기를 원합니다.

말씀을 생각하며

1. 오늘의 말씀의 요점을 간단히 요약해 봅시다.

_____

_____

_____

_____

2. 오늘 말씀에서 본 받아야 할 기도의 자세는 무엇입니까?

_____

_____

_____

_____

한 주간의 기도제목

나	
가정	
교회	

제52과
마무리를 잘합시다.

데살로니가전서 1:1~10
찬송 : 429, 555

"또 너희는 많은 환난 가운데서 성령의 기쁨으로 말씀을 받아 우리와 주를
본받은 자가 되었으니, 그러므로 너희가 마게도냐와 아가야에 있는 모든 믿는
자의 본이 되었느니라. 주의 말씀이 너희에게로부터 마게도냐와 아가야에만 들릴
뿐 아니라 하나님을 향하는 너희 믿음의 소문이 각처에 퍼졌으므로 우리는 아무
말도 할 것이 없노라." (살전 1:6-8)

　금년도를 시작한 것이 엊그제 같은데, 벌써 마지막 주간을 맞습니다. 금
년에는 세계 곳곳에 많은 사건과 사고가 일어났습니다. 우리나라에도 크고
작은 사건들이 우리를 기쁘게 한 일들도 있지만 우리를 힘들게 하고 아프게
했던 사건들이 많았었습니다. 한마디로 다사다난(多事多難) 했던 한해였습
니다. 세상 사람들은 이런 모든 것을 잊어버리자고 망년회라는 것을 합니
다. 우리 믿음의 사람들은 어떻게 한해를 마무리해야 할까요?

1. 은혜를 베푼 사람에게 먼저 감사합시다

　한 해 동안의 감사한 것을 생각하면서 먼저 하나님을 생각해야 할 것입
니다. 그러나 하나님의 은혜와 사랑에 대해서 생각하기 전에 사람에 대한
감사에 대한 문제를 먼저 생각해보려고 합니다. 기독교 신앙에는 사람이 아
주 중요합니다. 하나님을 사랑하는 자는 인간을 사랑해야 하고, 하나님께
감사하는 자가 인간에게도 감사하는 것입니다. 한해를 보내면서 내게 은혜
를 베풀고 감사했던 사람을 생각해 보기를 바랍니다.

　지금까지 내가 존재할 수 있었던 것은 내게 은혜를 베풀어 준 모든 사람
들 덕분입니다. 그러므로 금년 한해를 마무리 하면서 그분들께 감사해야 하

겠습니다. 만약 그런 사람이 없거나 생각나지 않는 사람은 불행한 사람이요 교만한 사람입니다. 감사를 모르는 사람입니다. 생각만 해도 가슴이 따뜻해 지는 사람, 그분들께 감사하고 그분들을 위해서 기도해 주시기 바랍니다.

2. 나는 다른 사람에게 감사의 대상이 되고 있습니까?

우리가 두 번째로 생각해 볼 문제는 내가 다른 사람에게 감사의 대상이 되고 있느냐 하는 것입니다. 나를 향해서 감사할 사람들이 얼마나 있습니까? 나를 생각하면서 가슴 따뜻해 할 사람이 몇 명이나 됩니까? 그런 사람이 많다면 그는 정말 행복한 사람이요, 인생을 성공한 사람이요, 잘 살고 있는 사람입니다. 예수님은 주는 사람이 복이 있다고 하셨고, 소자에게 베푼 것이 곧 주님께 한 것이라고 하셨습니다. 남에게 감사의 대상이 되는 것은 반드시 물질로만 하는 것이 아닙니다. 마음으로 생각해주고, 때로는 위로의 말을 건네고, 따뜻한 손길을 베풀고, 그를 위해 기도해 주는 것. 이 모든 것이 감사의 대상이 될 수 있는 비결입니다.

3. 하나님께 감사하면서 올 해를 마무리하시기 바랍니다

우리가 진정으로 감사해야 할 것은 하나님의 변함없는 사랑과 은혜입니다. 하나님은 한 번도 우리를 실망시키지 않으시고 돌보아 주셨습니다. 금년 한해를 함께해 주셨습니다. 세상 사람들은 나를 배신하고, 힘들게 했어도 주님은 언제나 그 자리에서 우리의 반석이 되어 주셨습니다. 우리는 때때로 주님을 외면하고 죄악 속에 헤맸지만, 주님은 끝까지 우리를 기다리시고 용서하셨습니다.

바울은 데살로니가 교인들의 믿음과 소망과 사랑을 생각할 때마다, 자랑스럽다고 고백합니다. 그래서 하나님께 기도 할 때마다 항상 감사한다고 했습니다. 오늘 나는 주의 종이 생각할 때에 감사한 존재입니까? 한해를 그렇게 살았습니까? 우리교회는 하나님이 생각하실 때에 항상 자랑스러운 교회입니까?

한 해의 문을 닫으면서, 감사로 한 해를 닫으시기 바랍니다. 나를 사랑하고 나에게 은혜를 주고 나에게 도움을 베푼 사람들, 그들의 소중한 모습들을 우리가 잊지 말고 감사하는 마음을 가져야 하겠습니다.

하나님의 은혜를 잊어버려서는 안 되겠습니다. 나를 그렇게도 사랑해주신 하나님, 사람들이 다 나를 떠날 때에라도 내 곁에 마지막까지 남아서 나를 사랑해 주시는 하나님, 이 하나님의 은혜에 배은망덕하지 맙시다. 이 하나님의 은혜를 생각하며 감사합시다. 나로 말미암아 하나님께 감사하는 사람이 됩시다. 사람들이 나를 바라볼 때에 나로 말미암아 하나님께 감사하지 않을 수 없는 그런 믿음의 사람들이 됩시다. 그런 신앙의 사람들이 됩시다.

마음으로 감사합니까? 그러면 입으로 고백하십시오. 입으로 감사합니까? 그러면 예물을 드려서 감사하십시오. 좋으신 우리 하나님 아버지는 그 감사를 받으시고 우리에게 더 큰 복을 내려 주실 줄 믿습니다. '너로 인해서 하나님께 감사하게 하라.' 오늘 우리에게 들려주시는 성령님의 귀하신 음성입니다.

올 해에도 함께 하셨던 우리 하나님이 새해에도 여러분과 함께 하실 줄 믿으며, 서로 축복하며 새해를 맞이하시기 바랍니다.

말씀을 생각하며

1. 오늘의 말씀의 요점을 간단히 요약해 봅시다.

_____

_____

_____

_____

2. 오늘 말씀에서 본 받아야 할 기도의 자세는 무엇입니까?

_____

_____

_____

_____

한 주간의 기도제목

나	
가정	
교회	

*
믿음으로 한 걸음씩 성장하는
구 역 예 배
*
초판1쇄 - 2012년 1월 1일

*
지은이 - 21세기 구역공과 편찬위원회
펴낸이 - 채 주 희
펴낸곳 - 엘 맨
*
서울시 마포구 신수동 448-6
출판등록 - 제10-1562호(1985.10.29)
*
Tel. / 02-323-4060, 322-4477.
Fax / 02-323-6416
e-mail / elman1985@hanmail.net
*
잘못된 책은 바꾸어 드립니다.
무단복제를 금합니다.
*
값 6,500원